40歳から始める不動産投資

年収1000万を超えたら考えたい、不動産投資のQ&A

株式会社リヴトラスト
代表取締役社長
杉本一也・著

発行：ダイヤモンド・ビジネス企画　発売：ダイヤモンド社

はじめに

――40代、そして40代を迎えるあなたのために――

「四十にして惑わず」。

この言葉は、約2500年前の中国の思想家・孔子の言説をまとめた『論語』に示された一節で、このことから40歳を「不惑」と呼ぶようになりました。

『論語』が日本人の精神的支柱となったのは江戸時代で、当時の平均寿命は40歳前後。したがって、「不惑」とは人生の最晩年を惑うことなく迎えられるように生きなさいという指標とされたのです。

しかし今や、日本人の平均寿命は女性が87・45歳、男性が81・41歳と、世界一を更新し続けています（令和元年簡易生命表）。40代は人生の最晩年どころか、折り返し地点にすぎません。

今の40代といえば、1971年から1974年頃に生まれた「団塊ジュニア」と呼ばれる世代が中心です。一方、この世代は「就職氷河期世代」とも呼ばれます。就職難の時代に社会人となり、苦労を重ねながらようやくその努力が報われ、会社では重要なポストを任されるようになり、プライベートではマイホームを購入することができるようになった世代です。

一見、公私共に充実しているように見える40代。ところが、ほとんどの方々、特にサラリーマン（公務員含む）は、その年齢と職業故の悩みをいくつも抱えています。

私たちの会社へ相談に来られた40歳前後のサラリーマンたちは、次のような悩みを打ち明けています。


「1日12時間労働は当たり前。朝の5時まで働くこともある。なぜなら部下がすぐに休むから。今の年齢ならまだ耐えられるが、50代になってもこのペースで働いたら過労死するのではないかと不安で仕方がない。でも、転職するのも新しい環境に馴染《なじ》めないんじゃないかと怖いんです」（男性・運送会社勤務）

「がむしゃらに働いてついに役員になれました。すると毎晩接待で飲むことに。毎日帰りは午前様です。昇進して2カ月後に肝臓を壊して入院することになりました。もう生命保険には入れないそうです。その上、退院してからも飲まなければ仕事になりません。ここまでして会社に尽くす意味があるのか疑問に思う毎日です」（男性・エンジニアリング会社勤務）

「昨年、離婚しました。2人の小学生の子どもの養育は私がします。収入は十分にあるので心配していませんが、今の勤務状態では子どもとほとんどコミュニケーションが取れません。もっと仕事をセーブしたい」（女性・勤務医）

これらの声は、新型コロナウイルス感染症流行前のものですが（収束への見通しがつかない状況下では生命全般に及ぶ不安を抱えている方も多いことでしょう）「不惑」どころか、惑いの真っただ中……これが、今の40代の皆さんの実態ではないでしょうか。そして、その根源にあるのが、「お金」に対する不安です。将来的にも安定した収入の見通しが立って、初めて「不惑」といえます。

実は、私もアラフィフ世代です。同世代の悩みや不安はよく理解できます。

では、どうすべきか。その解決策が、本書でご紹介する「40歳から始める不動産投資」なのです。

読者の皆様の不安やお悩みをさまざまな角度で捉え、その解決策を提示させていただくために、何度も同じようなことを説明させていただくことがあるかもしれませんが、重要である部分だとご理解いただきますよう、お願い申し上げます。

現在、私が代表を務めているリヴトラストは、総合不動産企業リヴグループの中核として不動産販売分野を担当しています。総合不動産企業リヴグループは、主に18のグループ会社で構成され、仕入れから開発、販売、管理までをワンストップで提供できる体制を構築しています（他にも放課後等デイサービス・児童発達支援事業などもあります）。おかげ様で、２０１９（令和元）年度のグループ連結売上は１８０億円を計上し、管理物件戸数は４５００戸を数えるまでに成長することができました。

これから不動産投資をお考えの方だけでなく、とにかく現状、または将来が不安だという40歳前後の人にぜひご一読いただきたいと願っております。

２０２１年１月吉日

杉本一也

目次

第3章　「不動産投資」成功事例に学ぶ

第4章　まかせるなら、こんな会社を選びたい

序章

人生の折り返し点をジャンプ台にする

「40代」＋「サラリーマン」が抱える不安の実態

世界トップの長寿を誇る日本。しかし、平均寿命が延びたことで、社会的にも個人的にもさまざまな問題が生じているのも事実です。

私は、その中でも特に40代のサラリーマンが不安や不満を抱えていると感じてきました。そのことはデータにも明らかに表れています。

日本生命保険相互会社が年代別（20代以下・30代・40代・50代・60代・70代以上）の男女1万1044人を対象として、2015（平成27）年に行った「将来への期待と不安」に関するインターネットアンケートでは、次のような結果が出ています。

・将来の期待よりも不安のほうが大きい人の割合が多かったのは40～50代
・40代の現在の生活の満足度は全世代中最下位
・サラリーマン・公務員、経営者・個人事業主、パート・アルバイト、主夫・主婦、学生、無職の中で、もっとも多く不安があると答えているのはサラリーマン・公務員
・サラリーマン・公務員の仕事の満足度はパート・アルバイトに並ぶ低水準（主夫・主婦、学

生、無職以外)
・サラリーマン・公務員の現在の生活の満足度はパート・アルバイトに並ぶ低水準

では、40代のサラリーマンは何に対して不安や不満を持っているのでしょうか。このアンケート結果から、以下のことについても知ることができます。

・40代の不安の理由の上位は、1位「老後」、2位「収入」、3位「自身の健康」、4位「家族の健康」、「仕事」、「子どもの進学」
・40代が現在の状況に不満を感じる理由の上位は、1位「収入」、2位「生きがい・やりがい」、3位「仕事内容」
・40代が現在の仕事に不満を感じるいちばん大きな要素は「収入」が断トツのトップ

40代の皆さんが就職活動を行ったのは、まさに就職氷河期。おそらく死に物狂いで挑戦し続けたはずです。緊張する面接を何度も受けてやっと手にした仕事と生活。それなのに仕事に対しても生活に対しても満足度はこんなにも低いのです。

また、40代が現在の状況に不満を感じている理由は、「収入」や「仕事内容」など会社に関係することばかりです。いつの間にか、会社中心の人間になってしまったからかもしれません。

700万円を超えた頃から年収増加を実感できなくなる

アンケートの結果を見ると、40代のサラリーマンの不安や不満には「収入」が大きく関わっていることがわかります。これには、その世代のサラリーマンならではの背景があります。

40代の多くは管理職でしょう。年収も700万円を超える人が多いのではないでしょうか。

管理職ということは、残業手当は支給されず、いわゆるサービス残業です。それが「いつものこと」だというのですから、本当に頭が下がります。

そんな、筆舌に尽くし難い努力の積み重ねの結果として、ようやく得られた収入。そのすべては果たして、本人たちへ幸福をもたらしているのでしょうか。

年収増加が実感できなくなるのは、所得税率の壁が立ちはだかるからです。例えば年収600万円と年収1000万円では所得税率が大きく異なります。もろもろの控除額を差し引いた課税所得が330万～694万9000円までなら税率20%、695万～899万9000円までは23%、900万～1799万9000円までが33%となります（25ページの図表1－1参照）。

これが現在の累進課税制度であり、「700万円を超えた頃から年収増加を実感できなくなる」などといわれる原因の一つになっています。

さらに、近年は給与支給体系の変化も顕著になってきました。

現在の50〜60代が新卒入社した頃の日本企業では、まだ終身雇用制度と、年功序列の給与体系が当たり前でした。若い頃はそれほど給料が上がらなくても、長年頑張って勤め上げているうちに、定年までにはたいていの人がそれなりの地位や給料を得ることができたのです。

そして、定年後は勤続年数に応じてまとまった額の退職金を受け取り、国民年金や厚生年金、企業年金などで悠々自適の生活が約束されていました。

また、結婚や子づくりの年齢も現在より早かったので、定年を迎えるまでには子どもたちも独立しており、夫婦2人で暮らしていくくらいのお金は十分に蓄えられているはずです。

ところが、バブル崩壊後の長い長い平成不況の中で、こうしたライフプランを成り立たせていた仕組みは根こそぎ失われてしまいました。

「不安」、「不満」のほとんどは「お金」で解決できる

もう一度、日本生命のアンケート結果を確認してみましょう。

40代の不安の理由の上位は、1位「老後」、2位「収入」、3位「自身の健康」、4位「家族の健康」、「仕事」、「子どもの進学」。現在の状況に不満を感じる理由のトップは「収入」。現在の仕事に不満を感じるいちばん大きな要素も「収入」が断トツのトップ。

何か気付きませんか？

そうです。ほとんどが「お金」で解決できる問題なのです。

「収入」は当然として、「老後」も「自身の健康」も「家族の健康」も「子どもの進学」もお金が十分になければ対応できない、という考えが前提にあるから不安や不満を感じているのです。

自分らしく生き生きと暮らす、という意味では会社に縛られない生き方を見つけるという方法もあります。趣味に打ち込んだり、ボランティア活動で自分の価値を再確認したりで、生きがいを見つけることもできるでしょう。現在、政府が推進している「働き方改革」も、そうした生き方をサポートしようとの名分を掲げています。

しかし、それでは「老後」をはじめとする将来の不安は何一つ解決できません。同時に「会社に尽くし続けないとリストラまたは給料を下げられる」という心配も打ち消すことはできないでしょう。やはり「お金」が十分にあることが必須なのです。

また、「仕事」に対しても「お金」があれば価値観が変わります。その事例をご紹介しましょう。

Kさんは大手メーカーに勤める40代半ばのエンジニアです。役職は設計部門の部長。年収は1000万円を超えています。つまり、仕事はバリバリにこなしているといえます。

そんなKさんは30代の時に投資用のワンルームマンションを購入しました。実家が資産家なのですが、現金を持っていると相続時に不利になるので不動産に替えたのです。

不動産経営に関してまるで素人だった当時のKさんは、物件を購入した直後に中国へ転勤します。

そして3年後に帰国してびっくり。銀行口座を確認すると、管理会社に任せていたワンルームマンションが知らないうちにお金を貯《た》めてくれていたのです。

そこでKさんは、お金を現金で持っているのは損だ、ということに気付きました。続けざまにワンルームマンションを購入。現在は18戸を所有し、その家賃収入はサラリーマンの収入と並ぶまでになりました。

この時点で、Kさんの仕事に対する価値観が変わったそうです。

「それまで生活のすべてが仕事でした。会社にしがみつかないと生きていけないと思っていたからです。しかし、不動産の収入がサラリーマンの年収と並んだ時に思ったんです。『あっ、これでいつでも辞められる』と」

すると、それまでつらかった仕事が急に楽しくなったそうです。

「もちろん手は抜きません。部下も一生懸命やっていますし、会社の期待も裏切れないからです。ただ、『失敗したらどうしよう』とびくびくしていたのが、『失敗してもいいから挑戦しよう』と思えるようになったんです。そうしたら仕事が楽しくて」

現在のKさんは、「仕事は趣味」と言い切っています。そして、土日はしっかり休んで沖縄の別荘へ通い、スキューバダイビングやクルーザーを楽しんでいるそうです。

Kさんの事例は、人生の折り返し点を迎えた40代のサラリーマンにとって、大きな示唆を与えてくれます。そこで、本書では次の提案をしたいと思います。

「現在に不満を、そして将来に不安を持つ40代のサラリーマンは、本業以外の副収入を得るべきである」

実は、私の提案を裏付けるのが、社員の副業を認める企業が増えつつあることです。しかも、コロナ禍のリモートワークが、いみじくもその可能性を高めました。

とはいえ、40代のサラリーマンの方々のほとんどは「今さら副業と言われても」と戸惑っているに違いありません。企業が社員に副業を認めるようになった背景には、年功序列の給与体系が経営上の負担を増大させるという危機感があるからです。そして、当然のことながら、そのターゲットになるのが給料の高い社員、つまり40代以降の方々です。

政府が進めている「働き方改革」は、コロナ禍で業績が低迷している企業にとって好都合な口実になり得ます。「ベースアップしない代わりに副業を認めます」と言っているようなものです。この傾向は、ますます強まっていくことを覚悟しなければならないでしょう。

そこで、「本業以外の副収入を得る」ためにお勧めしたいのが、ワンルームマンション投資による資産活用術です。そして、私どもはこれこそが40代のサラリーマンに最適な副収入の道であると確信しています。

本書は、私どもが長年にわたって培ってきたワンルームマンション投資のノウハウを、余すところなく開陳しています。

後半生の飛躍のジャンプ台として、本書を紐解いていただければ幸いです。

第1章

ピンチをチャンスに変える資産活用術

危ない？資産運用のワナ

「ただの節税対策」や「楽して儲《もう》かる」式の投資術にオサラバすべし

サラリーマンの場合、総支給額を増やすことはそう簡単にできることではありませんから、手取り年収を増やそうと思えば、まず、課税所得を減らすということを考えることになります。そこで、多くの人が考え、実践しているのがいわゆる「節税対策」です。

2017（平成29）年12月に閣議決定された「平成30年度税制改正」で、2020（令和2）年から適用されている給与所得控除額は、年収（給与の総支給額）850万超の場合、控除額は上限195万円となります（今までは205万から1000万円超で上限220万円）。

したがって、ごくごく大ざっぱに考えれば、年収1000万円で課税所得は805万円、年収1200万円なら課税所得は1005万円ということです。所得税率の分かれ目は、900万円からですから、年収1095万円を超えると控除額を差し引いた後の課税所得が900万円以上とな

［図表1-1］所得税率の一覧

所得税の税率は、分離課税に対するものなどを除くと、5%から45%の7段階に区分されています。課税される総所得金額（千円未満の端数金額を切り捨てた後の金額です。）に対する所得税の金額は、次の速算表を使用すると簡単に求められます。

所得税の速算表

課税される所得金額	税率	控除額
1,000円から　1,949,000円まで	5%	0円
1,950,000円から　3,299,000円まで	10%	97,500円
3,300,000円から　6,949,000円まで	20%	427,500円
6,950,000円から　8,999,000円まで	23%	636,000円
9,000,000円から　17,999,000円まで	33%	1,536,000円
18,000,000円から　39,999,000円まで	40%	2,796,000円
40,000,000円以上	45%	4,796,000円

注）例えば「課税される所得金額」が700万円の場合には、求める税額は次のようになります。
700万円×0.23-63万6千円＝97万4千円

【出典】国税庁ホームページ

り、所得税率は33％となります。所得税額は900万円×33％＝297万円、すなわち年収の約4分の1です（控除額は除く）。

単純な理屈として、課税所得が減れば所得税額も少なくなります。例えば、課税所得を900万円未満にすれば、税率は33％ではなく、23％が適用されます（695万以上～900万円未満）。つまり、10％節税できるというわけです。したがって、課税所得が890万円なら税率23％で204・7万円となり、課税所得を10万円減らす（＝控除対象額に算入する）だけで92万円の節税効果となります。仮に課税所得を695万円未満にすれば税率は20％となりますが、200万円以上を控除対象額に算入するのは現実的にはまず不可能ですし、わずか3％の節税のためにそんな苦労をする意味はあまりありません。

サラリーマンの控除対象には前出の「給与所得控除」の他に、「扶養控除」、「医療費控除」、「生命保険料控除」、「譲渡損失の損益通算及び繰越控除」、「小規模企業共済等掛金控除」、「寄附金控除」などがあります。

さらに、2013（平成25）年分から「特定支出控除」の適用範囲が拡大されたことで、通勤費・転居費・研修費・資格取得費・帰宅旅費・勤務必要経費などが特定支出として認められています。このうち、勤務必要経費に計上できるものとして「スーツ代」や「書籍代」などがあります。また、2020年以降は職務上の旅費（勤務する場所を離れて職務を遂行するために直接必要な旅行）も特別支出の対象になります。

ところで、サラリーマンの中には「経費」と聞くと「会社の経費で落とす」ことを連想するせいか、「立て替えた分が全額戻ってくる」と錯覚している方もいるようですが、この場合は課税所得を減らすことが目的ですから、支出した分は全額本人負担となります。せいぜい、後日還付金などの形で1割前後取り戻せれば上出来だとお考えください。

結局、初めから所得税額を減らすことを目的とした「節税対策」であれば、その効果は知れたものです。やり方にもよりますが、それほど手取りが大幅に増えるわけでもなく、自由に使える現金はむしろ少なくなります。もちろん、節税対策に使ったお金は形を変えて手元に残っていますから損にはなりませんが、実感としてはあまり得をした気にはなれないでしょう。

一方、株の売買など金融商品への投資には、それ自体が利益を生み出すという付加価値がります。「ただの節税対策」では効果はあまり期待できませんが、投資によって課税所得を減らして節税効果を発揮しつつ、給与とは別口の現金収入が得られるという二重のメリットが期待できるわけです。それでこそ、本来の意味での資産運用術というべきでしょう。

ただし、投資には必ずリスクが付いて回ります。当たり前のことですが、「楽して儲かる」などという美味《おい》しい話は世の中にはありません。利益と損失は表裏一体、時には巨額のマイナスを計上することも覚悟しなければならないのです。

メリットとデメリット、リターンとリスクを常に念頭に置いておくこと。その上で、自分自身の意思で判断することが大前提となります。

銀行金利　低金利時代はまだまだ続く

現在、40代前半くらいまでの世代の方は、社会人になって以来、ずっと低金利の時代を経験してきました。銀行預金は年利0・001～0・002％台の極めて低い水準で推移していますから、仮に預金残高が1000万円あったとしても、1年間の利子が100～200円そこそこで、小遣い程度にもなりません。

しかも「銀行が経営破綻する」という、かつては想像することもできなかった事態が現実に起こるようになり、大手都市銀行でさえ、定期預金の保証限度額は各種預金（利息のつく普通預金や定期積金など）を合算して元本1000万円までとされました。これにより、メインバンクといえども全財産を預けるにはリスクが高くなり、資産家は複数の銀行に預金を細分化することでリスク分散を図るようになりました。

例えば、月に1万円ずつ、10年間銀行に預金し続けたとします。手元から出ていったお金はトータルで120万円です。

銀行の預金口座の金額は、預けた120万円＋10年間金利が0・001％のままだったとして、単純に計算すると合計120万12円となります。1年で1・2円ですから、ローリスクには違いありませんが、ローリターンどころかノーリターンと言っても過言ではないでしょう。また、現在の120万円の現金価値はインフレが起きると減少します（モノの価値は変わらなくてもモノの値段が上昇することで同じ金額で買える数量が減るため）。

例えば、年率2％のインフレが起きると120万円の現金価値は約117万6000円となり、インフレが10年間続くと約98万０４００円まで目減りしてしまうのです。

低金利は、資産運用を考える上で必ずしもデメリットばかりではありませんが、少なくとも「銀行に預けておけばそれでいい」という単純なやり方は一切通用しなくなりました。この低金利時代は、そもそも緊急避難的な「異常事態」だったはずでしたが、それが20年以上も続くうちに、いつの間にかすっかり「常態」となってしまっているのが現代の日本です。

社会人の大多数が低金利に慣れ切り、それを当たり前のものとして受け入れてしまっている以上、今更かつての金利水準に戻るということは期待できません。仮に戻したとすれば、銀行の半数以上は経営破綻に追い込まれるでしょう。

将来的に日本経済が復興していけば、やがて金利の上昇局面を迎えることも予測されますが、それはまず「貸付金利」という形で表れます。今後、貸付金利の上昇に伴って預金金利も徐々に上昇していくものの、預金金利が仮に１％台まで回復する頃には、貸付金利は10％台に達しているかもしれず、それはそれで資産運用においては良い面ばかりではなさそうです。

なお、低金利時代に適した資産運用術としては、「金投資」や「各種保険商品（終身保険、個人年金、学資保険など）」などもあるようですが、これらについては専門書をお読みになるか、専門家の意見をお聞きになることをお勧めします。

株式投資 儲けている個人投資家はほんのひと握りしかいない

ひと昔前まで、サラリーマンの資産運用手段としてもっともポピュラーだったのが株式投資です。現在でも「株で大儲けした」、「大損した」という話はよく耳にしますし、株式市況は日本経済を判断する上でもっとも身近でわかりやすい指標となっています。

かつては、銀行や保険会社などの機関投資家の他、ごく一部の富裕層や「株屋」などと呼ばれる少数の個人投資家たちだけの特殊な世界でしたが、１９８７（昭和62）年2月のＮＴＴ株公開以降、一般に広まるようになりました。バブル崩壊を境に手を引いた個人投資家も少なくありませんでしたが、その後も２０００（平成12）年前後のＩＴバブルといわれた時代を経て、勝ち残った数少ない成功者たちは六本木ヒルズ内の住居棟に住み、のちに「ヒルズ族」と呼ばれ、超富裕層の仲間入りを果たしたものでした。

株式投資による個人投資家のメリットとしては、株価の上昇による売買益、配当金、株主だけに与えられる優待サービスなどがあります。このうち、もっとも利幅の大きなものは売買益で、「値下がりしたときに株を買い、値上がりしたときに売る」というごくごく単純明快な原理によって、時には短期間に巨額の利益を上げることも可能となります。

この株価の上昇・下落というメカニズムが、基本的に人知の及ばない予測不能な領域であるだけに、株式投資は極めてギャンブル性が高い投資であるといわれることがあります。実際には、株価の変動をある程度事前に予測することも不可能ではないものの、その予測は100％確実なものではありませんし、売買のタイミングによって儲けや損失の規模も変わってきます。

また、サラリーマンの個人投資家には本業もありますから、売買のすべてを自分でコントロールすることは難しく、証券会社の営業担当に一任することもあるでしょう。この場合には、証券会社や個々の営業担当の「当たりはずれ」にも左右されてしまうでしょう。信用できる証券会社、営業担当に巡り合えればいいのですが、一つ間違えれば大きなマイナスを計上することもあります。

その意味で、目先の損得に一喜一憂しているような人には、本質的にあまり向いていない資産運用術ということができるでしょう。いずれにせよ、個人投資家で株式投資のみによって巨万の富を得ている人はほんのひと握りであり、素人が参入しようとしても、ほぼ成功はおぼつかないというのが現実の話です。

投資信託　元本が保証されないリスクがある

「資産運用をその道のプロに一任する」という金融商品として、投資信託（ファンド）があります。こちらは株式に限らず、国債などの各種債権も投資対象となり、投資家は出資した資金を運用のプロである投資信託会社に丸投げする形になります。

投資信託には「低金利の影響をほとんど受けない」、「リスク分散によって大損することがほとんどない」、「初期投資額を抑えられる」、「時間的拘束が少ない」など、忙しいサラリーマンにとっては多くのメリットがありますが、やはり投資信託会社や営業担当による当たりはずれはありますし、銀行預金のように元本が保証されるわけでもなく、一定のリスクは付いて回ります。

また、株式投資や後述するＦＸ（外国為替証拠金取引）などに比べれば、リターンについてはそれほど期待できないのも事実です。

ＦＸ ハイリスク・ハイリターンは危険なギャンブル

個人投資家の資産運用術としては比較的歴史が新しいのがＦＸです。

「名前はよく聞くけど、どういうものかイマイチよくわからない……」という方もまだ少なくないかもしれません。

ＦＸとは Foreign Exchange の頭文字で、「外国為替証拠金取引」と訳されます。基本的なシステムとしては昔からある外貨預金と同じで、ドルやユーロなどと円の間でその時々の交換レートの変動を利用して差益を得るというやり方です。例えば、1ドル90円のときに90万円で1万ドルを両替したとして、この1万ドルを1ドル110円のときに再両替すれば110万円になり、差額の20万円が儲かる、という仕組みです。

ただ、FXが単なる外貨預金と異なるのは、レバレッジを利用した「証拠金」によって、初期投資額の最大25倍の取引を可能としていることです。すなわち、単純計算では90万円の証拠金を用意すれば90万円×25倍で最大2250万円分の取引を行うことができ、前述のパターンならこれが2750万円となりますから、差額の500万円が儲かることになります。

さらに、その国の通貨と日本円の金利差を利用したスワップポイントというものが付きますが、現在は日本円の金利が異常といえるほどの低金利ですから、たいていの国との取引では「低金利の通貨を売り、高金利の通貨を買う」ことになり、この金利差がちょっとしたボーナスとなっています。

為替相場は日々変動していますから、FXの場合、儲かるときも損するときも極めて短期間で決まります。記憶に新しいところでは、2016年6月下旬にイギリスのEU離脱が報道された際、円相場が急騰し、国内の多くのFX投資家がわずか1日で数百万円から数千万円もの損失を被ったことがありました。無論、逆に数百万円、数千万円という巨額の利益を短期間に得ることも可能なのがFXという資産運用術ですが、ギャンブル性の高い株式投資と比べても、より一層ハイリスク・ハイリターンであるといえます。

損得を自己責任としてありのままに受け入れられるのであれば、ＦＸには間違いなく衆目の認める魅力がありますが、素人が手を出すにはそれなりの覚悟が必要となるでしょう。

不動産投資は一長一短

前節では敢えて触れなかった資産活用術が、不動産投資です。本書は不動産投資の書籍ですから、ここからがようやく本題ということになります。

ひと口に不動産投資といっても、扱う物件はさまざまです。建物の建っていない、いわゆる更地（投資用土地や事業用地）の売買もあれば一戸建てもあり、アパート・マンションもあれば貸しビルもあります。また、建物には新築物件と中古物件とがあります。それぞれ一長一短があり、どれが良くてどれが悪いということはありませんが、サラリーマン投資家を対象とする場合、当然ながら向き不向きというものが存在します。

土地・中古の一戸建て　空き家問題が予言する暗い未来

まず、土地と中古の一戸建てについてそれぞれ考えてみましょう。

親から相続した土地があるということでない限り、年収１０００万円前後のサラリーマンの資金力で、ある程度まとまった土地を買うとすれば、その地域は極めて限定されます。首都圏でいえば、東京23区内はほぼ不可能、神奈川県でも横浜市・川崎市辺りはまず手が出ないでしょう。東京郊外や埼玉県さいたま市、千葉県千葉市・浦安市辺りならギリギリ手の届く範囲かもしれませんが、それも駅近の一等地ではかなり厳しいと思われます。

無論、こうした都心部への交通の便の良い人気エリア以外であれば、土地を買うこと自体はそれほど難しくないでしょう。しかし、自分で住むならともかく、資産運用の手段として土地を購入しようというのであれば、不便な土地を買っても仕方ありません。

バブル期には「原野商法」と呼ばれる詐欺まがいの商売で、山奥などの役に立たない土地を売って儲けていた悪質な業者がいましたが、首都圏であっても不便な土地を購入するのは、それと大差ないといわざるを得ません。バブル期であれば、その土地を持っているだけで地価が勝手に上がり、適当な時期に手放せばそれなりの差益を得られたかもしれません。しかし、現在では、将来的な資産価値向上も見込めず、売却の目途も立たず、固定資産税の負担だけが重くのしかかることになります。

中古の一戸建てを買うのも、これとまったく同様です。いわゆるセミリタイアなどで、敢えて都心から離れた場所に自宅として購入するということは考えられるでしょうが、借家として賃貸に出

［図表1-2］総住宅数・空き家数・空き家率の実績と予測

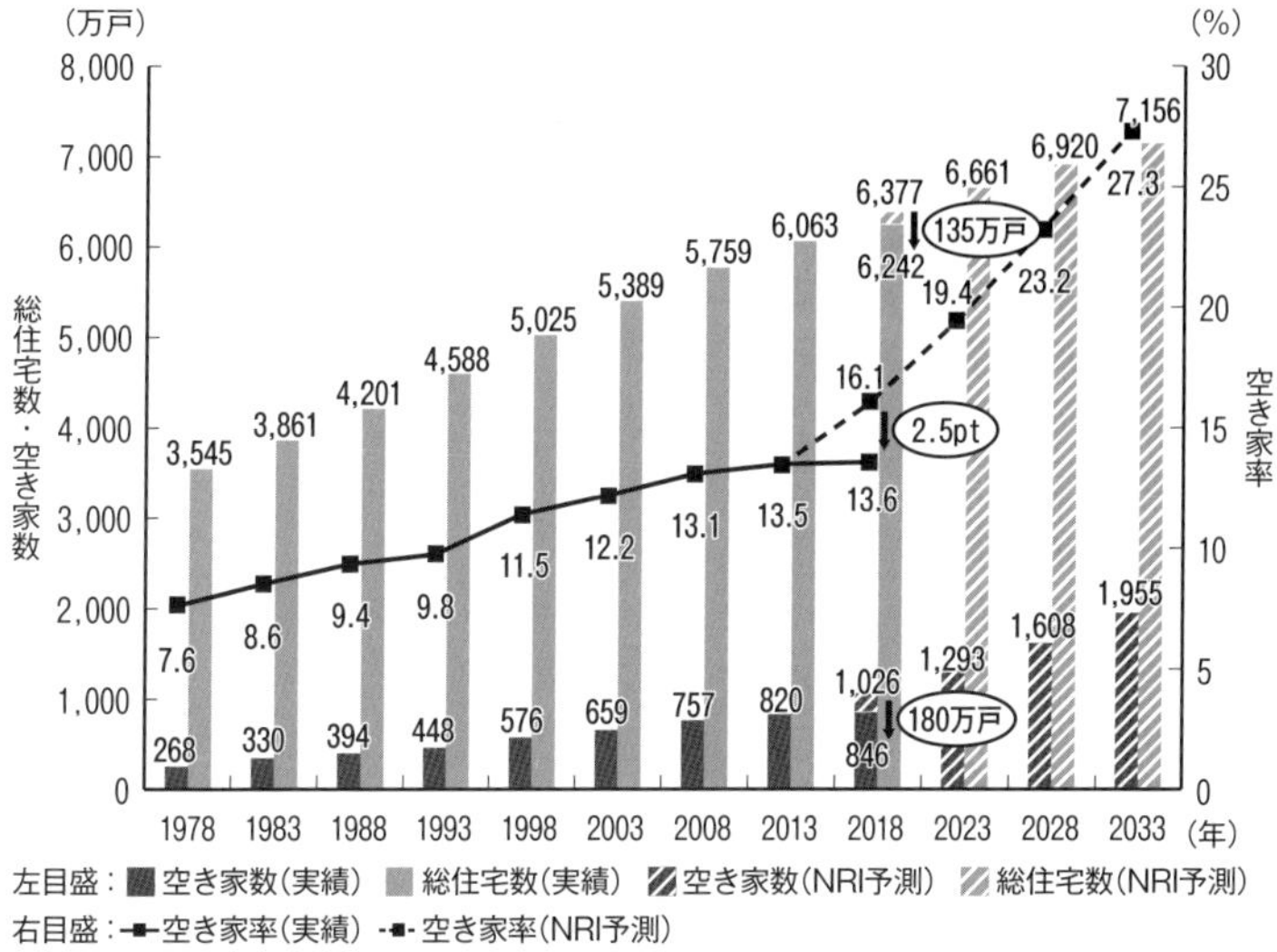

※実績値は総務省「住宅・土地統計調査」、2023年以降の予測値は野村総合研究所
【出典】株式会社野村総合研究所「2030年の住宅市場と課題」（2019年度版）

すことが目的なら、まずお勧めできません。中古住宅というのは、さまざまな問題を抱えていることをあらかじめ想定しなければならないからです。

また、賃貸に出す場合は借り手を確保することも重要な課題になりますが、近年は借家での一戸建て需要は年々少なくなってきています。一戸建てに住むのであれば、新築物件を購入するというケースがほとんどで、売買でも中古の一戸建て需要は伸び悩んでいますから、出口戦略にもあまり期待できません。

さらに、ここ数年「空き家問題」が注目されています。

最近のデータ（2018年）では、日本全国に約846万戸の空き家があり、総住宅数に占める空き家率は13・6％――つまり10戸に1戸以上の割合で空き家が存在しているといわれています（図表1－2）。さらに、最悪のシナリオでは、これが2023年までに空き家率19・4％、10戸に2戸の割合になる……と試算する予測も発表されるなど、極めて深刻な問題となっています。

こうした背景から、2015（平成27）年の税制改正により、空き家のうち「特定空家等」に該当する空き家に対する固定資産税に対して、住宅用地特例が適用されないことになりました。これによって、空き家にかかる固定資産税は最大で従来の6倍になると試算されています。中古の一戸建ては確かに格安ですが、せっかくリフォームしても借り手が付かなかった場合、物件の維持費や管理費に加え、現住家屋と同等の固定資産税がかかってくることになるわけです。

結局、サラリーマンの不動産投資先としては、土地や中古の一戸建ては向いていないというのが結論になります。

貸しビル　テナント誘致や物件管理が困難

ちなみに、貸しビルについても簡単に触れておきますが、これは土地や一戸建て以上にサラリーマン投資家には不向きな物件といえます。

貸しビルの場合、立地は商業用地にほぼ限定され、都心部やターミナル駅周辺など、地価相場が特に高い地域でなければ集客は見込めません。集客といっても、貸しビルの場合は企業や店舗ということになりますが、これらのテナント誘致や物件管理にも独特のノウハウがあり、住居用不動産を扱っている業者ではなく、専門業者に依頼する必要があります。

東京都心の中央区や港区などでは、今でも個人オーナー所有の小規模なテナントビルがたくさんありますが、ほとんどが親の代から相続した物件です。しかも、近年のオフィスビル空室率低下傾向の中で、こうした小規模ビルは軒並み集客に苦戦しています。いずれにせよ、これから不動産投資を始めようと考えている人にとっては、あまり参考にならないでしょう。

アパート・マンション１棟
アパ・マン神話を鵜呑《うの》みにしてはいけない

少し前まで、サラリーマンの不動産投資といえば判で押したようにアパ・マン経営をお勧めする業者が多かったように思います。書店でも、「不動産投資」や「相続税対策」などのコーナーに行くと、さまざまな著者による「アパ・マン経営指南」の類書がずらりと並んでいたものです。

土地の有効活用や相続税対策など、アパ・マン経営には現在も通用する数々のメリットがあることは事実で、それ故に多くの人が「アパ・マン神話」を無邪気に信仰していました。

こうした無批判的な信仰はかつての「土地神話――土地を持っていればいずれ必ず値上がりする。――絶対損はしない」にも似て、いささか危険なにおいを感じます。

アパ・マンと、ひと括りに語られるケースが多いのですが、厳密にいえば、アパートとマンションではそれぞれ違いがあります。

まず、建物の違いとしては、アパートは木造2階建てがもっとも多く、3階建て以上というのはほとんど聞きません。一方、マンションはRC造の4階建てから8階建てくらいがもっとも多く、中には10〜12階建てクラスの大型物件もあります（20階建て以上のタワーマンションとなると、区分所有ならともかく、一棟買いではさすがに個人投資家には手が届かないでしょう）。

当然、物件規模が違えば購入価格も異なり、アパートは数千万円から2億〜3億円、マンションなら10億円以上の物件も珍しくありません。

いずれにせよ、年収1000万円前後のサラリーマンがポンと即金で買える金額ではありませんから、ローンを組んで購入するわけですが、ローンの返済計画には当然、家賃収入を当てにすることになります。

この家賃の設定は、物件によってそれこそ千差万別ですが、基本的には地域相場と照らし合わせて、これに見合った金額でなければ、そもそも入居者を確保することができません。例えば、相場が８万円の地域で10万円の家賃で募集をかけたとしたら、どんなに物件が良くてもある程度の空室は覚悟しなければならないでしょう。

注意を要する「サブリース契約」の内実

これまで「アパ・マン神話」を支えてきたのは、この空室リスクに対する保証、すなわちサブリースのシステムでした。サブリースとは、「一括借り上げ」あるいは「転貸借」とも呼ばれ、アパートやマンションを建てた工務店や建築会社（これは、自宅の建て替えなどに際して新築アパートをサブリース込みで提案してくる業者が多いためです）、あるいはそれらの物件を販売する不動産会社などの下請けの管理会社が、物件をオーナーから１棟全部借り上げ、入居者の募集から面接、家賃の回収まで自社の責任で行って物件を入居者に貸すというシステムです（ただし、会社によってサービス内容に多少の違いはあります）。

オーナーに対しては、空室の多少にかかわらず、満室稼働時の家賃から一定の手数料を差し引いた金額を保証しているのが普通です。つまり、いくらか空室があっても――建前としては入居者がたとえゼロであったとしても――オーナーは毎月、定められた手数料を除く家賃収入が保証されるわけです。

サブリースの手数料の相場は会社によりばらつきがあり、比較的良心的なところで10~20%、やや割高なところになると30~40%という会社もあります。といっても、例えば総戸数が10戸の物件で、家賃が1戸当たり10万円の場合、40%の手数料がかかるとしてもオーナーの手元には毎月60万円の現金が入ってくることになります。

これは、入居者募集から管理までをすべてオーナーが自力で行い、その結果空室を4戸出した場合(あるいは、家賃滞納が4戸あった場合)と同じ収入ですから、他に本業を持っていて多忙なサラリーマン投資家としては悪い話ではないはずです。

ただし、一般的なサラリーマンが購入できるような物件は駅前の一等地にあるような超優良物件であることは少ないでしょう。そのような物件のサブリース契約で注意しなければならないのは、設定されている「家賃保証期間」です。中には「30年間保証」のような、建物の耐用年数を考えればほとんど半永久的に近い長期保証を行っている会社もありますが、物件の素性を考えると実際には保証賃料のパーセンテージを下げたり、保証そのものを打ち切ったりしてしまう会社がほとんどです。

サブリースで家賃保証のメリットがなくなれば、後は単なる管理会社として入居者からの家賃回収業務や通常の物件管理業務をするだけですから、その気で探せばもっと安い業者が世の中にはいくらでもあります。ただし、空室が出たら何も考えずに家賃を下げるだけで、入居者募集も熱心にはやらない会社は山ほどあります。

その結果、たちまちローンの返済にも苦労するようになり、売却を余儀なくされるオーナーもいます。しかも、２年程度ではローンの元金はほとんどそっくり残っているような状態ですから、最悪の場合、物件を手放した後もローンだけは延々と払い続けなければならない羽目にもなりかねません。

そのため、オーナーとトラブルになることも多く、しばしば訴訟問題にまで発展しています。新聞やニュースなどでご覧になった方もいると思います。

もちろん、そんな悪質な業者ばかりではなく、中には良心的な業者もいます。いずれにせよ、業者の語る「アパ・マン神話」を鵜呑みにして安易に判断してしまうのは禁物。あらゆる条件を考慮に入れて、慎重に検討していく姿勢が重要です。

ファミリータイプマンション
区分所有はリスクの高い投資

マンションはもちろん、アパートであっても、一棟買いというのは非常に大きな買い物になります。初心者のうちはなかなか手が出しにくいことから、もっと手軽に始められる不動産投資として、分譲マンションの区分所有という手法があります。

例えば、分譲マンションを自宅として購入した人が、「子どもが大きくなってきたから、そろそろ一戸建てに移りたい」とか、あるいは地方への転勤などの理由で引っ越しせざるを得なくなり、それまで住んでいたマンションを賃貸に出すというケースはよく見かけます。

これは、もともと所有していたマンションを他人に貸すだけですから特に大きな問題はありませんが、ここで取り上げるのは、初めから賃貸に出す前提でファミリータイプの分譲マンションを購入するというケースです。

結論から申し上げれば、これは極めて投資効率の悪い不動産投資だといわざるを得ません。

ファミリータイプの場合、狭くても1LDKか2DKで40～45㎡、もっともポピュラーな物件で3LDKの60㎡前後といったところでしょう。一般的なワンルームマンションは20～30㎡ですから、ファミリータイプはその2倍から3倍以上の広さがあります。

ところが、家賃設定には2倍もの差は付けられません。例えば、ワンルームマンションの家賃相場が8万円の地域の場合、3LDKで仮に16万円の家賃を設定したら、まず借り手はつかないと考えたほうがいいでしょう。せいぜい、10万～12万円という家賃設定に落ち着くと思います。つまり、広さは3倍でも家賃は1・25～1・5倍程度に設定するしかなく、それだけ坪単価は低くなります。坪単価が低ければ当然利回りは低下するので、このような物件の利回りは2％台が良いところでしょう。

さらに、ファミリータイプは入居者募集の面でも不利になります。ファミリータイプを賃貸する層は、子どもがいる若夫婦やＤＩＮＫｓ（子どもを持たない夫婦）、あるいはこれから育児をする夫婦などの世帯になります。これらの世帯は、かつては人口の中で大きな比率を占めていましたが、少子高齢化が進んだ現在では年々減少傾向が続いており、需要が少なくなってきています。それ以前に、ファミリータイプの入居については旦那さんの通勤、お子さんの通学など入居者全員の居住条件を満たさなくてはなりません。一度退去されると次の入居者が決まるまでに時間を要することが多くなります。

現在、賃貸物件に居住している層の大部分は「40歳未満の単身者」であり、この人たちはファミリータイプよりもワンルームマンションやアパートに住む割合が高くなるともいわれています。これに対して、「子どもがいる若夫婦」、「ＤＩＮＫｓ」、「これから育児をする夫婦」は、ファミリータイプのマンションを賃貸するより、ファミリーマンションや一戸建てを購入する割合が高いようです。

また、出口戦略を考えたときにも、中古のファミリータイプマンションは明らかに価値が下がります。新築で購入したものの、借り手が付かずに結局手放したという、いわゆる「新築未入居」の物件であっても、購入価格から1割前後は値下げする必要があるでしょう。これでは大赤字です。

ごくごく稀に、築10年以上経過していても価値の下がらない、場合によっては値上がりしているようなブランド力の高い物件もありますが、その確率は決して高いものではありません、中古ファミリーマンションは、高い確率で価格が下がると考えておくべきでしょう。

以上のことを踏まえると、利回りも低く、需要も少なく、出口戦略にも難のあるファミリータイプマンションの区分所有は、投資目的で購入するには採算が合わない、リスクの高い投資であるといえます。

中古不動産 新築を上回るメリットはあるのか？

中古物件は売却時に価値が下がると前に述べましたが、逆に考えると、購入する側としてはそれだけ安く買えるというメリットにもなります。近年は中古不動産の市場がめざましく成長しており、相場情報などのデータも数年前に比べて格段に充実しています。

こうした背景から、書店などでも『不動産投資は中古物件を狙え』といったタイトルの書籍が増えてきているようです（もしかしたら、本書のすぐ隣にも並べられているかもしれません）。

購入価格の他に、中古であることの大きなメリットとして、「その土地に、ある規模の賃貸不動産を建てることで、どの程度の集客が見込めるか？」というデータがあらかじめわかっている、ということがあります。いわば、すでにマーケティング済みの物件ということになります。

それも、机上の理屈ではなく、実際にその建物を現地に建てて、実際に賃貸に出しているわけですから、データの信憑《しんぴょう》性は極めて高いものです。しかし結局、中古物件として売買に出されたという事実からは、「集客がうまくいかなかった……」、「経営に失敗した……」という可能性も考えられますから、その点はよくよく留意しておく必要があります。

中古不動産にも一戸建て、アパート、マンションなどがあります。一戸建てについてはすでに解説した通りですが、ここでは中古アパートと中古マンション（ファミリータイプ及びワンルーム）について順番に考えていきましょう。

物件価格だけで判断してはならない「中古アパート」

まず、中古アパートですが、これは前述のように木造建築が中心です。住宅用の場合、法定耐用年数は、木造・合成樹脂造のもので22年、木骨モルタル造のもので20年と定められています。中古で購入するということは、当然これより期間は短くなるわけですから、購入する時から大規模修繕工事、あるいは建て替えを前提として考えていかなければなりません。

また、稼働中の中古アパートであれば、購入以前からの入居者も漏れなく付いてきます。修繕であればともかく、建て替えとなると入居者には退去してもらう必要があり、オーナー側の都合で退去に同意してもらうにしても、引っ越し代などを負担する必要が生じる場合があります。

また、この人たちは以前の（＝経営に失敗したかもしれない）オーナーや管理会社と契約した入居者ですから、家賃の遅延・滞納や近隣住民とのトラブルなどの問題を抱えていることもないとは言い切れません。それでも、この人たちには居住権が認められ、法律で保護されていますから、新オーナーが出ていってもらいたくても、実際にはなかなか難しいものがあります。

いずれにせよ、中古アパートの購入費用は、大規模修繕や建て替えの費用までひっくるめて考える必要がありますから、トータルすれば必ずしも安い買い物とはいえません。物件価格だけで安易に判断すると、後々思わぬ出費を強いられることもあるので注意が必要です。

賃貸に向いている物件が少ない「中古マンション」

次に、中古マンションですが、ファミリータイプについては前項で述べた通りで、中古だからといって特に有利になる材料はあまりありません。利回りも低く、需要も少なく、出口戦略にも難のあるファミリータイプは、サラリーマン向けの投資としてはお勧めしにくいものです。

ただ、一棟買いはさておき、区分所有の中古の場合、中には掘り出し物が混じっていることも考えられます。売り手がさまざまな事情で売り急いでいる場合、相場からすると破格の値段で、信じられないような優良物件を入手できる可能性があるからです。都心などの便利な立地で、築年数も浅く、設備更新も当分必要ないような物件が、新築価格の半値以下で買えることもあります。

ただし、そうした優良物件であっても、賃貸目的の場合、あまり広すぎる物件はお勧めできません。最近のファミリータイプマンションには、80～100㎡超という広々とした物件もありますが、そういったゴージャスな部屋は賃貸では借り手が付きにくいからです。

たとえ破格値で購入できたとしても、家賃設定が高ければ借り手が付かず、安くすれば利回りが低下します。そもそも、賃貸で広いマンションに住みたいと考える層はそれほど多くはないので、需要も少ないものです。比較すれば、60㎡前後の物件のほうがまだ賃貸には向いていると考えられます。

最後に、中古のワンルームマンションについて考えてみましょう。

前述した中古不動産投資を推奨する書籍のほとんどは、「中古のワンルームマンションを、都心部に複数持ちなさい」といった内容になっていると思います。ワンルームマンションという商品の魅力については次節で詳しく述べますが、ここでは「中古であることのメリットとデメリット」について検討してみましょう。

まず、何よりも価格が安いということが、最大のメリットといえるでしょう。一概にはいえませんが、例えば、新築で2500万円する物件が、築10年なら2000万円前後、築20年なら1000万円台で買える……というくらいの感覚になります（いうまでもなく、個々の物件により、実際の価格帯や値下がり幅には差があります）。

新築よりも物件数がはるかに多く、選択肢が広い。これもメリットといえます。幅広い選択肢の中から、もっとも有利な投資先を選ぶことができるからです。

新築の場合はある意味「早い者勝ち」なので、良い物件はすぐに押さえられてしまいますが、中古ならある程度時間をかけてじっくり見極めることも可能です（ただし、中古でも優良物件ほど「早い者勝ち」になりますが……）。

家賃が安定していて、急激な下落が少ない。これもメリットです。新築であれば、最初の入居者が退去して次の入居者を入れるとき、場所によっては家賃の見直しを余儀なくされることを覚悟する必要があるかもしれませんが、中古の場合は、すでに見直された後なのでほとんど家賃は変わりません。地域相場が以前より上昇していれば、逆にいくらか値上げするというケースさえ考えられます。

このようにさまざまな「中古ならでは」のメリットがありますが、一方で当然デメリットもあります。

まず、金融機関からの融資を受けにくいということが挙げられるでしょう。物件や融資先によって基準はまちまちですが、新築に比べると審査が通りにくく、より多くの自己資金が必要になる場合があります。購入価格は安くても、初期投資額に限れば、中古のほうがかえって高くつくこともあるのです。

次に、「はずれ」の物件を掴《つか》まされやすいというデメリットがあります。新築でも中古でも、物件にはいわゆる「当たりはずれ」がありますが、中古のほうがはるかに物件数は多いわけですから、それだけ多くの「はずれ」が含まれている理屈になります。ましてや、市場に出回っているのは、前オーナーが手放した物件です。もし「当たり」の物件であれば、そうそう売りに出されることはないと考えたほうがいいでしょう。

さらに、築年数の経過した物件はもちろん、比較的築浅の物件であっても、マンションには「長期修繕計画」に基づく資金の積み立てが必要です。これは新築も同様ですが、古い物件になればなるほど設備の老朽化が激しいため、水回りや電気・ガスなどの不具合が生じやすく、急な出費を強いられることもあります。

それから、オーナーが変わる前からの入居者の問題については、中古アパートの場合とまったく同様です。前述した「はずれ」物件の中には、家賃滞納などの常習者がいることも多く、それを知らずにうっかり購入してしまうと、後々大きな苦労を背負い込むことになります。

市場の相場観を劇的に変化させた「レインズ」

そしてもう一つ、ワンルームマンション市場の状況の変化についても考慮しなければなりません。つい数年前と比べても、現在の状況は大きく変わってきています。

それまで、中古マンションはある意味で買い手市場であり、売り主側が非常に弱い立場でした。それが、レインズ（不動産流通標準情報システム）の公開などにより、中古マンションの相場を誰でもリアルタイムで知ることができるようになりました。

レインズ自体は1990（平成2）年の創設ですが、その中で首都圏市場を統括する国土交通省指定不動産流通機構である公益財団法人東日本不動産流通機構（東日本レインズ）は2013年10月1日、かねて問題視されていた「売り主側の紹介拒否」を禁止しました。これにより、不動産流通情報の透明化が図られ、市場の相場観は劇的に変化したのです。

こうした市場の変化を受けて、前述した新築と中古の関係性も変わりつつあります。

例えば、２０１９（令和元）年末での利回りを見てみると現在、新築で表面利回りが４％の地域では、中古の表面利回りは４・２％前後になります。つまり、０・２％程度しか差がないわけです。

これが具体的にどの程度の金額の差になっているかというと、年間収益が同じ１００万円の物件として利回りを逆算すると、新築で２５００万円のものが中古でも２３８０万円程度と、わずか１２０万円程度しか安くなりません（もちろん、これより安い中古物件もありますが、年間収益はぐっと下がります）。

長期保有を考えると、この差はもっとはっきりします。

単純計算ですが、２５００万円の新築マンションを20年間保有した場合、家賃収入は年間１００万円×20年で２０００万円を回収でき、その後１０００万円で売却すればトータルで５００万円の儲けが残ります。これに対して、２３８０万円の築10年の中古マンションを10年間保有すると、家賃収入は年間１００万円×10年で１０００万円、その後１０００万円で売却してもトータルで３８０万円の損失となるわけです。

以上のようなことを考えると、新築のほうが中古より末永く持ち続けることができ、投資金額を回収しやすい……という結論になりそうです。

ワンルームマンション投資のメリット

メリット① 高利回りが期待できる!

では、本題のワンルームマンション投資について考えてみましょう。

ワンルームマンションの最大の魅力、それは何といっても「高利回り」ということが挙げられます。利回りとはいうまでもなく、投資金額に対してどれだけの利益が得られたかを示す数値です。1000万円投資して50万円の利益を得ることができれば、利回りは5%。200万円の利益なら利回りは20%ということになります。

ワンルームマンションは、この利回りが高いということなのですが、注意しなければならないのは、「利回りは、利益額ではない」ということと、「何と比較した場合の利回りが高いのか?」ということです。

前者については、例えば「A.1000万円投資して50万円の利益額」と「B.5000万円投資して200万円の利益額」ではどちらが高利回りか？　を考えれば簡単でしょう。Aの利回りは5％、Bは4％ですから、Aのほうが高利回りということです。投資先を選ぶには、目先の利益額ではなく、利回りで判断しなければ、より良い資産運用とはいえません。

後者についていえば、これはあくまで「不動産投資」という枠組みで考えなければいけないということです。株やFXなど、高利回りの金融商品は世の中にはたくさんあります。それらと比較して、「ワンルームマンションの利回りなんて大したことないじゃないか」といってみても始まりません。

そもそも、比較の対象が間違っているのです。一定のリスクを覚悟の上で、とにかく短期間で収益を得ることを目的とした他の金融商品に対して、不動産投資はあくまで長期運用型であり、10年、20年というスパンで収益を考える投資です。つまり、ローリスク・ミドルリターンが基本ですから、利回りについても長い目で見て判断する必要があります。

新築ワンルームマンションは高利回り

ワンルームマンションが高利回りだというのは、アパート一棟買い、ファミリータイプマンションの区分所有や中古物件などの不動産投資と比較した場合の話です。

新築ワンルームマンションの利回りは、ほぼ4％前後というのが通り相場です。4％ということは、2500万円を投資して年間100万円の利益が出るという利回りです。月額にして約8万3000円の収入ということになります。

ところで、他の不動産投資物件を当たってみると、これより高い利回りを提示しているものを見かけることも珍しくありません。例えば、中古アパートなどの場合、利回り12％などという、にわかには信じられないような数値を出している物件もあります。

これはどういうことかといえば、「物件価格8000万円、総戸数10戸、1戸当たりの家賃を8万円とすれば、年間960万円の利益額となり、利回りは12％になる」という計算です。しかし、これが机上の計算にすぎないことはすでにおわかりでしょう。

まず、12％というのはあくまで満室稼働時の数値ですから、空室が2戸あれば利回りは9.6％、4戸あれば7.2％に下がります。サラリーマンが手の出せる物件は物件価格優先で購入されることが多く、立地条件が良く、入居者募集にも強い優良物件だが、価格は高いという物件を手に入れているケースは少ないように感じます。額面通り12％の利回りが実現できたとしても、それはせいぜい最初の1年目までで、築年数が古くなるにつれて物件価値が下がり、次第に落ち込んでいきます。

　また、中古アパートについての解説でも述べたように、大規模修繕や建て替えの費用、細かい不具合の修繕などで発生する費用を加えれば、表示されている物件価格のおそらく2倍以上に膨らむことになるでしょう。何やかやで、実質的な利回りは3・6％程度になってしまうと思われます。

　もちろん、ワンルームマンションでも空室リスクは付きものです。特に、不動産投資を始めたばかりで所有物件が1戸だけという場合、そこが空いたらいきなり0％になってしまいます。そこで、2戸、3戸と物件を増やしていけば、それがリスクヘッジとなって収益を安定させるのに役立つのです。

　また、空室になってから次の入居者が決まるまでのサイクルが他の不動産に比べて短いのも、ワンルームマンションのメリットです。ファミリータイプの場合、前の入居者が突然退去すると、次の入居者が決まるまでに何カ月もかかることがありますが、ワンルームは比較的短期間で決まることが多く、「回転率が高い」といわれています。

　そして、新築ワンルームマンションは中古に比べて長期間にわたる運用が可能であることも重要なポイントです。

　新築時に2500万円したマンションが築20年で1200万円前後と半値に下がったとして、新築時に10万円に設定した家賃が築20年で半値の5万円になるかというと、そうはならないでしょう。実際の家賃相場を調べてみればわかりますが、築20年のワンルームマンションでは8万円前後の家賃を設定しているところがほとんどです。すなわち、「経年劣化に伴う家賃の値下がり率が低い」という事実が、ワンルームマンションの高利回りを担保しているのです。

メリット② 出口戦略が立てやすい！

現代の不動産投資の主たる目的はキャピタルゲイン（売却益）ではなく、インカムゲイン（家賃収入）です。

すなわち、長期保有することを前提とし、その間に少しずつ収益を積み上げていくタイプの金融商品だといえます。したがって、物件の保有期間は長ければ長いほど良い、ということになりそうですが、そうはいっても、さすがに永久に持ち続けているわけにもいきません。

土地ならまだしも、建物は時間経過とともに老朽化していきます。一戸建てであれば、築数十年という古い歴史を持つ家屋には古民家として別の資産価値が生まれる可能性もありますが、実用本位のワンルームマンションの場合はそうはいかないでしょう。

マンションなど住宅用のＲＣ造（鉄筋コンクリート造）及びＳＲＣ造（鉄骨鉄筋コンクリート造）建築での法定耐用年数は、１９９８（平成10）年の税制改正で47年となっています（もちろん、47年経ったら必ず取り壊さなければならないという意味ではありません)。新築で購入すれば、20年間運用したとしても、まだ耐用年数の半分も過ぎていません。つまり、20年後でも十分に商品価値を維持しているということです。

売却のタイミングは専門家に相談

実際、中古マンションの売買市場には築20年以上の物件がゴロゴロ存在しています。これよりもっと古い、例えば築25~30年の物件になると、よほど立地や条件が良くない限りなかなか買い手はつかなくなりますが、それでも、かなりの破格値にはなっているものの、きちんと値付けされて市場で流通しています。

それに比べれば、築20年程度のワンルームマンションなら立派に売り物として通用します。ただし、売却のタイミングによっては、期待したほどの利益が得られないこともあります。物件を手放すタイミングや売値も含め、専門家と相談の上で決定する、あるいはいっそ専門家にすべて任せてしまうというやり方も考えられるでしょう。とはいえ、動く金額が金額ですから、最終的には本人の納得ずくであることが必須条件になりますが……。

不動産投資はローリスクと申し上げましたが、リスクが皆無というわけではありません。万一に備えるという意味でも、出口戦略は重要です。売却によって利益を出すというより、最終的に売却することで損失を補塡《ほてん》し、利益を確定するための出口戦略といえるでしょう。

ワンルームマンションは、長期運用後も資産価値が落ちにくく、さらに買い手もつきやすいという、投資に有利な条件が揃《そろ》っています。とりわけ「新築ワンルームマンション投資」は、数ある不動産系の金融商品の中でも、極めて柔軟性に優れているのが特長の一つです。

メリット③　兼業で無理なく始められる！

サラリーマンが投資による資産運用を始めようというとき、「本業である会社勤めをやめて……」という事例もありますが、それは比較的珍しいケースといえるでしょう。

株式投資にせよ、ＦＸにせよ、ある程度継続してみた結果、本業をやめても十分な収入が得られるという目途が立った後であれば話は別ですが、最初に投資を始めるときにはあくまで副業として、本業との兼業でスタートするのが一般的です。したがって、本業に影響が出ないように、できるだけ時間や手間の掛からない資産運用手段を選ぶ必要があります。

株やＦＸなどの場合、投資家がリアルタイムで市場の動向を見ていて、とっさに売買の判断をしていかなければ儲けのチャンスを逃すことになったり、あるいは大損したりということがありますが、そういう意味でもこれらの資産運用術は他人任せにしにくく、かといって、素人が長時間現場に張り付いていてもなかなか効果は出ません。

将来的に軌道に乗ったら専業に、ということは視野に入れつつも、当面は兼業という形でスタートするのであれば、いわば「プロに丸投げ」できる資産運用手段を選ぶのが賢いやり方です。不動産投資は、現実的にそれが可能である資産運用手段であり、中でもワンルームマンション投資は、初心者でも参入障壁の低い金融商品といえるのです。

信頼できる「プロ」に任せることが大事

私どもリヴグループでは、新たな事業をスタートするときには、市場の状況をある程度見極めた上で、採算性や将来の発展性などの目算がついてから着手する、というのを基本方針としています。「リスクを背負いながらの長期的な取り組み」はできるだけしたくないので、リスクを背負うのであれば短期的なものにとどめ、どうしても時間をかけて取り組んでいかなければならないことは市場をじっくり見極めた上で着手する、というやり方を徹底しています。

これはリヴグループとしての方針ですが、お客様に対してお勧めするときもまったく同じ姿勢で臨んでいます。結局、それがもっとも近道であり、安定感があると考えるからです。

サラリーマンの方で、特に不動産投資に向いているのは、ある意味「めんどくさがり屋」の方なのではないかと思います。というのは、「プロに丸投げ」することに抵抗がなく、そのメリットだけを享受することができるからです。

もちろん、不動産経営をプロに委託した場合、さまざまな手数料、諸費用が発生します。それが「もったいない」、あるいは「もっと効率化できるのではないか?」と考えて、自分で全部やろうとする方も当然いらっしゃいます。しかし、それは本業の片手間にできることではありません。ですから、最初の業者選定だけは慎重に行うべきですが、一度契約したら、後のことはプロに任せてしまうのが賢明です。

どうしてもそれができないとおっしゃる方は、不動産投資ではなく、株やFXなどの資産運用のほうが向いているかもしれません。

第2章

壇蜜さんと考える、ワンルームマンション投資

壇蜜さんと一緒にワンルーム投資について考えてみましょう

本章では、人気女優で、クレバーな発言で知られる壇蜜さんと一緒にワンルームマンション投資について考えていきます。壇蜜さんは、マンション投資に関しては、何の予備知識もないままに、「もし、ワンルームマンション投資をするとしたら……」という前提で、この対談にご出席いただきました。

投資の初心者がどのようなことに悩み、疑問を抱いているのか？　また、ワンルーム投資でどのようなことが不安で、なかなか一歩を踏み出せないのか？　という視点からQ＆A形式でお届けします。

この対談を読んでいただければ、ワンルームマンション投資をする上で必要な知識を楽しみながら身に付けることができるだけではなく、疑問や不安を解消することができるはずです。

壇蜜（だん・みつ）

1980（昭和55）年、秋田県生まれ。タレント。東京の某有名小中高大一貫女子校を卒業し、日本舞踊師範、調理師免許など数々の資格を取得、多彩な職種を経験後に、29歳でグラビアデビュー。以後、テレビや映画などで幅広く活躍する。著書に『三十路女は分が悪い』、『壇蜜日記』など。

衣装協力：奥田ひろ子（ルプル）／ヘア&メイク：カツヒロ

Q．最初に教えてもらっていいですか？①

質問1

そもそも不動産投資って何に投資したらよいのかしら？

不動産投資には、土地、ビルやマンション、それもワンルームマンションから1棟丸々買ってしまうものまで、たくさんの選択肢があるようですね。判断するにも価格や利回りなど、さまざまな考え方があるようですが、それぞれのメリット、デメリットについて教えていただけますか？

回答1 投資対象により、それぞれのメリット・デメリットがあります

不動産の投資物件には大きく分けて、1棟マンション、1棟アパート、一戸建て、区分所有マンションがあります。それぞれにメリット、デメリットがありますのでご説明します。

高額投資が必要な「1棟マンション」

1棟マンションのメリットは、建物と共にまとまった土地が手に入ることです。土地が担保となるので、銀行からの融資も受けやすくなります。また、老朽化した場合には取り壊して新たにマンションやビルを建てることも可能です。

多数の部屋を所有することになるので、空室が出ても他の部屋の賃貸収入でカバーできるのもメリットといえるでしょう。もしワンルームを一つしか持っておらずに空室になってしまうと、家賃収入が途絶えてしまいますが、1棟マンションで30部屋所有していれば、1室か2室空室が出ても

他の部屋からの収入でカバーできます。

そしてもちろん、多額の収益が期待できます。これは他の投資物件と比べると大きな金額となります。

また、エントランスや廊下といった共有部分のリニューアルや修繕が、自分の裁量で決定できます。区分所有であれば、管理組合の承認が必要となります。

デメリットは、取得のための費用が格段に高いことです。ワンルームであれば1000万～3000万円で購入できますが、1棟マンションとなると数億円から数十億円という単位になります。ローンを組むにしても、頭金として数千万円から数億円というようにまとまった金額が必要となるので、最初のハードルが高いのです。

そして、修繕費も桁違いに高くなります。大規模修繕では相当の金額が必要となります。

また、一つの土地に何十という部屋があることで、立地を誤った場合、保有するすべての部屋に空室リスクがあります。

土地も同時に手に入れることができ、融資も受けやすい「1棟アパート」

アパートといっても、都心に相続した土地があり新築で建てる場合、地方に土地を新たに購入してから新築で建てる場合、すでに建っている中古アパートを購入する場合など、いくつかのケースがあります。

1棟アパートのメリットは、1棟マンションと同様に建物と土地が手に入るため、銀行のローンが利用しやすいことです。複数の部屋を所有することで、空室リスクにも対応できます。

また、1棟マンションに比べて、物件価格が安いことも魅力です。

デメリットは、マンションに比べて償却期間が短いことです。鉄筋コンクリート造のマンションなら償却年数は47年ですが、木造（・合成樹脂造）は22年です。償却費として算入できる期間が短くなります。

もちろん物理的な耐用年数も短く、新築時にマンションと見劣りしない外観でも、10年も経つと古びてしまい、30年も経てば若い方々に敬遠されるような状態になります。

アパートは実際に暮らしてみると、隣の声が聞こえたり、隙間風が入ってきたりするなど、マンションとは違う環境に戸惑う入居者もいるはずです。年数の経過とともに、競争力が加速度的に落ちていきます。その結果、家賃を下げないと入居者がいないという状況に陥りがちです。

中古アパートの高利回りに惑わされないように注意

では、中古アパートはどうでしょうか。中には利回りが20%近い物件もあり、良い投資だと思う方もいらっしゃるかもしれませんが、なぜそんなアパートが売りに出されているのか考えてみましょう。通常であれば、そんなに利回りのいい物件であれば家主が手放すはずはありません。

そこには、手放さなければならない理由があります。仮に投資をするなら、その理由が何なのかを知っておくべきでしょう。家主が中古アパートを手放す理由の大半は、修繕費が大きな負担になるからです。

アパート経営は修繕に圧倒的にお金がかかるのです。屋根、手すり、階段なども修繕が必要になり、修繕費は数百万円という出費になります。そのため、事前に修繕費を積み立てておく必要があります。しかし、修繕してもそこまで見栄えしないこともよくあることです。

さらに、利回りがいいということは投資家目線としては大事なことですが、入居者からすればいいとはいえません。

例えば、相場よりも高い家賃かもしれませんし、同じ金額なら他に設備の良いマンションが借りられるかもしれません。もし、それに入居者が気付けば、退去が増え、空室の多いアパートになってしまいます。結局、入居者目線がなくては賃貸経営は長続きしないのです。

物件見極めが難しい「一戸建て」

一戸建ては、投資物件の中でも数が少ないというのが実際の状況です。

しかし、一戸建てには、入居期間が長いというメリットがあります。入居対象が単身者ではなくファミリーであるため、長く住み続けてくれる可能性が高いのです。

駅から離れている立地でも需要がありますし、物件価格も比較的購入しやすい価格帯です。敢えて老朽化したボロ物件を購入して、リフォームを施し、高利回りを狙える可能性もあります。

デメリットは、中古の場合、シロアリや基礎の傷み、配管が老朽化していることが多いことです。購入時にはわからず、リフォームをする段階になって高い修繕費がかかると判明するかもしれません。

購入後、リフォームしている期間は家賃は入りません。ワンルームマンションなら、購入してすぐに貸せるところを、中古の戸建ての場合は家賃収入がない期間が長くなります。

また、退去後の原状回復もワンルームに比べて費用が高くなります。引っ越しシーズン時期を逃すと、次の入居者が見つかるまで数カ月かかることもあります。

戸建て賃貸は、うまくリフォームすれば高い利回りを期待できますが、ある程度までの賃貸経営の知識があり、不動産投資に時間を割ける人向けの物件といえます。

リスクヘッジができる「区分所有マンション」

マンションの一部屋を所有することを、区分所有といいます。

区分所有マンションのメリットは、立地をずらして複数購入することで、リスクヘッジになることです。

例えば、東京都内では時の経過とともに人気のエリアが変わってきます。10年前は自由が丘だったのが、今は恵比寿が人気といった具合です。

人気のエリアであれば、当然家賃も上がりますし、人気が低下したエリアでは家賃も下がります。いくつか区分物件を分けて持つことで、どちらかが上がり、どちらかが下がったとしても、全体で見たら家賃収入は変わりません。これがもし1棟マンションであったら、すべての部屋の家賃が下がるという恐れがあります。家賃の下落リスクだけでなく、空室リスクや災害リスクも回避することができるのです。

ワンルームは人気があり、投資初心者でも購入対象者となるため、流動性が高いことも魅力です。1戸2000万円のワンルームと、1棟5億円のマンションだったら、前者のほうが確実に購入希望者が多く、売却しやすいのです。

ちなみに、区分所有といってもファミリー向けの部屋と、単身者向けのワンルームがあります。どちらがお勧めかというと、ワンルームです。小さい部屋のほうが、面積単価（面積に対する家賃）が高くなります。

例えば、日暮里に25㎡、月額家賃9万円のワンルームがあるとします。では、倍の面積の50㎡なら18万円の家賃が取れるのか、さらにファミリー向けの75㎡なら27万円取れるのかといったら難しいでしょう。月27万円払える人ならば、借りるよりも購入してしまう人のほうが多いからです。

さらに、退去後の原状回復もワンルームなら安価で済みますが、ファミリー向けの広い部屋の場合、費用が格段にかかります。こういった点からも、ワンルームのほうが投資効率がいいといえるでしょう。

複数所有でメリットが広がる「ワンルームマンション投資」

ワンルームを複数所有すると、こんなテクニックも使えます。

購入価格2000万円の新築ワンルームマンションを購入したとします。家賃は月10万円としましょう。そして、他に2戸のワンルームを所有しているとします。

15年経過して、売却することになりました。もしこの時、家賃が5万円と当初の半分になってしまっていたら、売却価格も半分の1000万円になるかもしれません。

しかし、都内の需要の高い立地であれば、そこまで家賃が下がることは考えにくいのです。15年経っても家賃が仮に9万5000円なら、利回りが高いため、手元に現金が残せる形で売却できます。1500万円で売却して、ローン残債が1200万円とすると、手元に現金が300万円残ります。もう一つのワンルームも同じように売却できたとして、手元に600万円残ります。

この600万円を、最後のワンルームのローン返済に充てれば、ぐっと残債は少なくなり、月々のローン支払額が減ります。そうなると、毎月の利益も増えます。

もちろん、手元にまとまった現金を残すこともできますが、永続的な収入が不動産投資の魅力ですから、このようなテクニックも使えるのです。一つ物件を残すことで、家族に相続もできます。

ワンルームマンション投資にもデメリットはある

ワンルームマンションは投資効率がいいのですが、一方で次のようなデメリットもあることを知っておきましょう。

・マンションの共有部分をリフォームしようとしても、自分の裁量では行えず、管理組合の承認が必要。

1棟所有、区分所有、一戸建てのそれぞれをご説明しましたがいかがでしょうか。

私は、個人的にはワンルームを区分所有することがもっとも投資効率がいいと考えておりますが、ご自身の資産状況や、不動産投資にかけられる時間や労力の観点から、ぴったりの投資物件を見つけられるとよろしいと思います。

質問2

手軽な中古マンションではダメなの？

建ててから間もない新築マンションもあれば、だいぶ年数が経ったマンションまで、いろいろな投資先がありますよね。私なんかは建てられてから年数が経った中古のほうが、新築よりも安くて手軽に始められそうと思ってしまいます。古いマンションに投資するときに気を付けなければいけないことってあるのかしら？

回答2 中古vs新築、長期的な安定収入を考えて選びたい

もちろん、中古マンションも不動産投資の対象として考えるべき候補の一つだと思います。しかし、評価の基準は新築もしくは、中古ということではなく、投資対象としてより高い収益を上げる商品はどちらか？　というところにあります。この評価の基準は、購入される時期や立地によってもさまざまに変わってきますが、次の3点がもっとも重要な基準となります。

❶投資物件の総収入金額と収益期間から考える――総合利回り

単純に購入価格に対する収入の割合を利回りといいますが、総合利回りとはその商品がトータルで生み出す収益はどれくらいあるのか？　という基準であり、投資の指針です。

不動産投資の収益期間の一つの目安とされているのが、建物の法定耐用年数である47年間です。これを一つの目安として考えると、例えばある新築物件の家賃収入が年間100万円入ったとします。

新築ですから47年で4700万円の「収入」を生み出す投資物件になります。

一方、築15年の中古の物件は収益期間の残年数が32年になりますので、同じ家賃だとしても3200万円の「収入」にしかなりません。単純に1500万円の「収入」の差となりますが、新築物件の価格が2780万円、中古物件が2500万円だった場合、その差額は280万にしかならないのです。

確かに280万円という金額は大金ですが、目の前の価格だけではなく、投資物件として長期的な観点で見た場合、新築の方がお得だといえるでしょう。

❷目先の利回りや流行に惑わされない――長期性と安定性

先程、ご紹介した例は、「一般的な中古マンションの利回り」になりますが、モノによっては6％超えなど、今の相場を完全に超えたようなとんでもない利回りの物件もあります。

しかし、ここで考えたいのは、投資対象としての「長期性」と「安定性」です。

先日、八王子市内の中古のマンションを5年ほど前に1200万円で購入されたお客様がいらっしゃいました。家賃収入は年間で72万円とのことでした。

購入当時は学生さんが入っていたので家賃が支払いを上回り、お小遣いが増えたと喜んでいたそうなのですが、その入居者さんの学校の移転が決まったそうです。

この学校の移転によって、状況が大きく変化し、入居者がなかなか付かないとのことで、私のところにご相談にいらしたのです。

この時、私も何とかお力になりたくて市場調査を始めてみたのですが、そのマンションはその移転した大学の学生さんが入居者の8割以上を占めていたということでした。現場を見に行ったときにはマンションはガラガラの状況でした。

立地環境などから、普通では入居できるような状況ではなかったので、市役所の方にお願いして、生活保護の方の住まいとして入居してもらいました。しかし、家賃は3・5万円。6%もあった利回りが3・5%に下がり、空室期間も入れたら、とんでもない利回りになってしまったのです。

以前、高利回りといえば飲食店、事務所等を入れて高めの家賃を取ったり、民泊にして宿泊施設として利回りを上げたりできる物件がたくさんありましたが、ご存知の通り今回のコロナ禍で非常に厳しい状況です。

私は、特定の条件の上に成り立っている物件、流行《はや》り廃《すた》りで大きく変動するような地域や物件ではなく、長期的に安定しているものを第一に考えることが大切だと捉えています。

この点を求めていくと衣食住の「住」、そして、人が安定して住むことのできる「立地」の良さが、安心して持つことのできる資産になると考えています。不安定な高利回りの中古マンションよりも、多くの入居希望者を集めることができる住居、すなわち交通が至便で、入居希望者の多い新築のワンルームマンションの方が安定した資産形成に繋がるのではないでしょうか。

❸中古物件を売ることはできるのか――市場性

1990年代前半、バブル経済がはじけ、まったくといっていいほど新築マンションの供給がなくなりました。その後、経済の回復とともに次々と新築マンションが供給され、その相場、マーケットが再構築されていきました。この間はやはり中古の売り物件も少なく、売るにしても買い手が少なく、価格もあってないようなものでした。ところが、多くの物件の供給が続いてきたことで10年ほど前から中古の売買が増えてきたのです。

特にこの5年くらいの中古マンションは新築の売買を上回っています。

すると、必然的にそこへの市場が出きてきます。今やネットを見れば、すぐにでも中古物件の紹介サイトを見つけることができるので、購入を検討している方が、価格の高い・安いを瞬時に判断できるようになりました。勝手な値付けができない一方、売り時を自分で見定めることもできるようになったのです。

こうした中古市場に出回っている多くの物件が、バブル崩壊以降に建てられた20～30年ほど前の中古マンションで、今ではこうした物件が現在の市場の中心になっています。

さて、それでは、こうした中古物件を購入して、売却することはできるのでしょうか。新築マンションを購入し、それを売買するマーケットはありますが、今、中古のマンションを購入して10年後に築40年を超えた物件を売る市場はまだ確立しているとはいえません。もちろんこれからできてくるのでしょうが、いつどのような形でできてくるかはまだわかりません。そういった不確実性の部分からしても、やはり新築の方が安心できると考えられます。

ここまで、中古マンションの購入、投資について考えてきましたが、本書が発行される現在の商況から考えると、中古よりも、長期的に安定して収入を得ることができ、売却が必要になった際の市場もある新築マンションのほうが、総合的に優位かつ安心できる投資対象といえるのではないでしょうか。

質問3

東京五輪後、不動産の価格は下がるの？

2015（平成27）年から4年連続で地価が上がったというニュースを見ました。地価が上がった理由は、インバウンド（訪日外国人観光客）が増え続けているからとのことでしたが、コロナ禍でインバウンドはゼロに近い数字に変わりました。東京オリンピック・パラリンピック（2021年に延期）が終わったら、日本を訪れる外国人は減るかもしれません。そうなると、不動産の価格もやはり下がってしまうのでしょうか？

回答3 高水準の不動産価格と五輪開催に関係はない

確かに東京オリンピック・パラリンピック開催決定（２０２１年に延期）により、東京の不動産価格は上昇しました。特に競技場や選手村が集中する湾岸エリア（豊洲、月島、晴海等）は、新築分譲マンションの在庫の売却が進み、分譲価格が高騰しました。

国土交通省が四半期ごとに実施、公表している「地価ＬＯＯＫレポート」という地価動向調査があります。全国主要都市の一等地１００地区を対象とし、前回調査との比較を行うものです。このレポートの令和元年第４四半期（令和元年10月1日～令和2年1月1日）の調査によると、主要地区の地価動向は、上昇地区数の割合が８期連続して９割を上回っています。

その理由としては、「上昇している地区数の割合が高水準を維持している主な要因として、景気の回復、雇用・所得環境の改善、金融緩和等による良好な資金調達環境を背景に、三大都市圏を中心に空室率の低下・賃料の上昇等オフィス市況は堅調な状況が続いていること、再開発事業の進展により繁華性が向上していること、訪日外国人をはじめとする訪問客の増加により店舗、ホテルの建設需要が堅調であること、利便性の高い地域等でのマンション需要が堅調であること等、オフィス、店舗、ホテル、マンション等に対する不動産需要が引き続き堅調であることが考えられる」と明記されています。

東京の地価は、東京という都市に対する評価

私個人も、東京五輪開催が予定されているから不動産価格が高水準にあるというわけではないと思っております。仮に東京で開催されないとしても、この経済状況であれば不動産にお金が回ってきてもおかしくありません。

つまり、オリンピックが開催されるということよりも、東京という都市そのものの魅力が上がっているのではないでしょうか。人口、文化、企業数などの経済圏として考えたときに、東京はニューヨークやロンドン、香港と肩を並べています。都市としての魅力があるからこそ、不動産価格にも反映されているのです。

一般財団法人森記念財団都市戦略研究所が「世界の都市総合力ランキング2019」を発表しました。これは、都市の力を表す6分野（経済、研究・開発、文化・交流、居住、環境、交通・アク

［図表2-1］世界の都市総合力ランキング2019

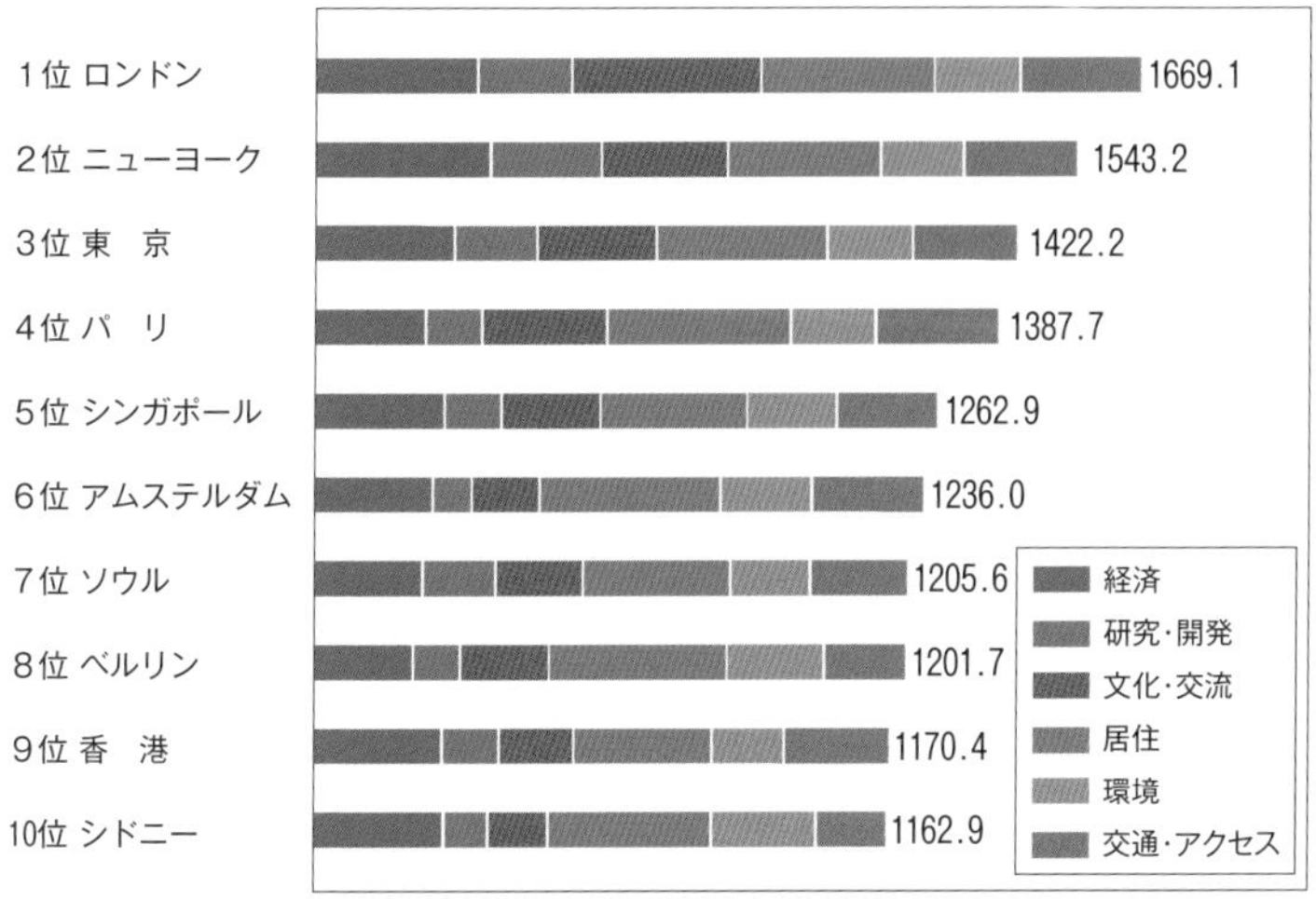

【出典】一般財団法人森記念財団都市戦略研究所「世界の都市総合力ランキング2019」

セス）の視点に基づき、世界都市をランク付けしたものです（図表2－1）。

第1位は8年連続ロンドンで、第2位はニューヨーク、そして第3位が東京です。訪日外国人や留学生数が増加していることが大きな理由です。それだけ人が集まるということは、東京という都市そのものに外国人を惹《ひ》き付ける魅力があるということです。

心配される首都圏の人口減少

その一方で、オリンピック開催効果で首都圏に人口が集中していますが、それをピークに首都圏の人口は減少していくという予想もあります。その背景には、いわゆる「団塊の世代」が70代となり、居住地を変える傾向が強まることが挙げられます。

特に神奈川、埼玉といったベッドタウンでは空き家が目立つようになり、不動産価格が下落していくともいわれています。オリンピックが終わったから、ということと直接関係があるわけではありませんが、このような事態になることは心に留めておいてもよいかもしれません。

とはいえ、東京は今後もリニア中央新幹線の開通（品川～名古屋間、2027年予定）などで、都市の魅力はまだまだ増していくと考えられます。魅力を増すことが、結果的に不動産価格に反映されていくことになるでしょう。

Q. 私の不安を聞いてください！②

質問4

自分が死んでしまったらローンはどうなるの？

昔、お世話になっていた人が急死してしまったショッキングな出来事があって、それ以来、どんな人でも、いつ死ぬかわからないって思っています。ローンを組んで投資をすることになると、自分が万が一、死んでしまったらどうなるのでしょうか？「残りのローンは一体、誰が払ってくれるのかな？」とか「投資した物件のその後は……？」などと不安になってしまいます。

回答4 団体信用生命保険で「もしも……」に対応

投資物件をお持ちの方が、突然亡くなられた場合についてご説明しましょう。

不動産経営をする上で、多くの方が住宅ローンを組まれます。ローンの返済は長期間に及ぶため、返済中に病気や事故など、万が一のことが起こることも考えられます。

そんなとき、団体信用生命保険（団信）に加入していると、残された家族も安心です。

これは、ローン返済中に、不動産オーナーが死亡したり、高度障害になった場合に、生命保険会社が代わりにローンを保険金で支払ってくれる制度です。高度障害とは、病気やけがが原因で、身体機能が重度に低下している状態をいいます。例えば両眼を失明した場合、言語やそしゃくの機能を失った場合、中枢神経や精神に著しい障害が残り、寝たきりとなった場合、手首以上で両腕を切断した場合などです。

ただし、リハビリをして治るような程度では、対象とはなりません。さらに、保険金支払いの対象とならないケースは、保証開始前にすでに発生していた病気が原因になった場合や、故意に高度障害状態になったとき、回復の見込みがあるとき、戦争などにより高度障害状態になった場合です。

万が一、ローン返済中に死亡してしまったら、マイホームのみ所有している場合はローンは消失します。しかし、それ以上の収入は見込めません。投資物件ならば、ローンが消失した上に、毎月の家賃収入があるので、残された家族にとってはありがたいものとなります。

もし、死亡ではなく、数カ月入院してリハビリをして回復が見込める場合は、保険適用外となります。

ただし、ガン団信など最新医療保険を付帯した商品も出てきていますので、ぜひご相談ください。

ちなみに、団信は普通の保険と同じように、加入者側から請求をしなければ、ローンの返済がされることはありません。もし大きな障害を負ってしまったときは、該当する可能性があるかもしれません。まずは問い合わせをしてみることが必要です。

質問5

地震や津波の被害に遭ったら、持っている不動産はどうなってしまうの？

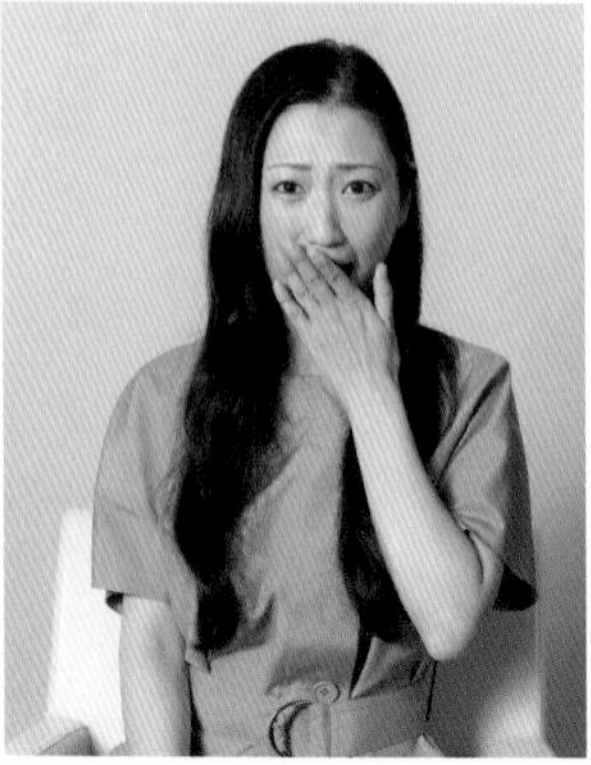

最近、豪雨で川が氾濫して街が水没したり、大きな地震で建物が倒壊したり、津波で家が流されたりする大災害がとっても多い気がします。万が一、自分が購入した物件がそうした自然災害に遭ったらどうなってしまうのでしょう。

また、自然災害は避けられません。それに備えるためには、どんな方法があるのですか？

回答5 ハザードマップの確認は災害対策への第一歩

２０１１（平成23）年3月11日14時46分に、甚大な被害をもたらした東日本大震災が発生しました。死者・行方不明者合わせて１万８４２８人、全壊・半壊家屋40万４８９３戸（２０２０年３月時点）。数年前の出来事とはいえ、あの津波が街を飲み込んでいく光景が目に焼き付いておられる方も多いことでしょう。

不動産投資をする以上、投資ですからやはりリスクはあります。保有物件のある立地や環境に左右される部分も多いのです。自分でコントロールできない部分に関しては、事前にどういうことが予測されるかを考え、備えておく必要があります。

そこで、災害に備えるために、ハザードマップを活用しましょう。

ハザードマップとは、津波・洪水・液状化・土砂災害・火山といった自然災害ごとに区分けされ、住人が安全に避難できるように、被害の予想地域や避難場所を示した地図のことです。

各自治体が作成し、役所で配布されている他、インターネットでも閲覧できます。国土交通省「ハザードマップポータルサイト」(https://disaportal.gsi.go.jp/)では、全国各地のハザードマップを閲覧できるのでとても便利です。

ハザードマップにより、保有している投資不動産に、どんな災害リスクが考えられるか、危険を想定しておく必要があります。

地震による建物の倒壊という点では、そもそも、倒壊するリスクのある物件を選ばないことも重要です。新耐震法が適用された、1983(昭和58)年以降に竣工した物件であれば、阪神・淡路大震災においても地震による倒壊被害は1棟もありませんでした。

RC造、SRC造の建物であれば、地震による倒壊リスクはかなり低いといえます。逆に、建物の損傷というよりも、建物内部での事故が危険なのです。例えば、タンスが倒れて頭を打った、窓ガラスが割れてけがをしてしまったといったケースです。

地震リスクの回避には「地震保険」への加入が必須

地震リスクの回避のためには、地震保険に加入するという方法があります。

地震保険は地震・噴火・津波などを原因とする火災・流失・埋没によって、住宅または家財に損害が生じた場合に保険金が支払われる制度です。しかし、地震保険は単体では加入できず、火災保険とセットでなくては加入できません。

地震保険の保険料は、地域や建物の構造によって異なります。所在地や、木造、ＳＲＣ造などによってリスクが変わるからです。

地震保険加入の付帯率は年々増加傾向にあります。損害保険料率算出機構が実施している「都道府県別地震保険付帯率の推移」によると、２００２（平成14）年度では33・３％、２０１２（平成24）年度では56・５％、２０１６（平成28）年度では62・１％、２０１８（平成30）年度では65・２％というように、年々増加しています。

加入を検討する際は、投資物件の立地や建物の状況、ご自身の投資状況などを考慮すべきです。

投資物件とマイホームではリスクに対する考え方が違う

敢えて考えにくい最大のリスクを想定して、万が一、大地震や津波で建物がすべて倒壊してしまった場合でも、新たにその土地に新築の物件を建てると考えることができます。

マイホームなら二重ローンになり大変ですが、投資物件なら新築になることによって以前よりも高い家賃設定をすることが可能です。もちろん、ローンを支払わなければなりませんが、増加した家賃で賄えることも考えられます。

不動産をリニューアルして、お金をかけることがマイナスになるだけではない——そのような視点で眺めると、投資物件のメリットがここにもあると思っていただけるはずです。

Q．心配ごとはまだ、あるんです!!①

質問6

入居している人が部屋に荷物を残したまま行方知れずに。一体、どうすればいいの？

人生、どう転ぶかわかりません。何らかの事情があって、入居者が行方知れずになったとします。家賃の滞納で私がそのことを知ったとして、事情を調べるためにその人のお部屋に勝手に入ったら不法侵入ですよね。また、私物がお部屋に残っていた場合、勝手に処分することもできません。いつその人が帰ってくるかもわからないし、新しい入居者も募集できません。この場合、どうすればいいのかしら？

回答6

性急な行動は、損害賠償請求に発展する恐れも

貸借人が行方不明になり、家賃が滞納されている場合はどうしたらよいかということですが、行方不明といっても長期で旅行に行っているのかもしれないし、事故や病気で入院している可能性もあります。

まず、家族から入居者の情報を探ってみましょう。家族が連帯保証人の場合は滞納家賃の請求ができますが、保証人でない場合は滞納家賃の請求はできないので注意が必要です。そして、保証人であっても賃貸借契約の解除はできません。借り主本人か、裁判によってしか契約は解除できないのです。

近所の方から情報を募るのも一つの方法です。あるケースでは、居住者は行方不明だったものの、近所の方から定期的に出入りしている人がいるとの目撃情報があったそうです。その時間帯に

待ち伏せをして話を聞くと、お孫さんだったとのこと。ご本人は老人施設に入ってしまい、定期的にお孫さんが必要なものを家から運んでいたそうです。

このように、無事に家族と連絡が取れ、スムーズに部屋の引き渡しが済んだケースもあります。

家族と連絡がつかない場合は、役所で住民票を取り寄せてみましょう。そのことで、新しい転入地がわかることがあるからです。他人でも住民票を取れるのかというと、家賃という「債権の取り立て」という正当な理由があるので請求できるのです。

しかし、家族とも連絡がつかず、住民票に異動がない場合は、裁判によって建物の明け渡しをしてもらう他ありません。

手掛かりを探すために室内に立ち入りたいところですが、裁判が終わるまで入室は控えたほうが無難です。不法侵入と見なされることがあるからです。

もちろん、室内の残置物を勝手に処分してはいけません。借り主の財産なので、損害賠償請求を負う可能性があります。

行方不明が認められるまでには、3カ月が必要

行方不明と認められるには、電気やガスの使用量、郵便受けの状況などから居住している形跡が

ないこと、そして、多くの保証会社では連絡が取れなくなってから3カ月の期間を目安としています。行方不明の場合は、「公示送達」という訴訟方法があります。これは、借り主の住所や勤務先が一切不明の場合に行います。

郵便で書類を送付できないため、書類は裁判所に預かってもらう形になります。裁判所は掲示板に、被告宛ての書類があるから裁判所に来るように、という内容の掲示をします。掲示から2週間経過すると、被告はその書類を受け取ったと見なされます。

訴訟手続きの中で、賃貸借契約を解除します。そして、強制執行手続きにより部屋を明け渡してもらうという流れになります。

滞納への対応・解決には、保証会社と専門家の存在が不可欠

行方不明はめったにないケースかもしれませんが、家賃滞納者の存在はマンション所有者をしばしば悩ませます。

この場合は、まずは直接話し合いで解決をめざすことになります。滞納家賃の支払いと、建物の明け渡しを要求します。

もしこれで解決しない場合は、内容証明郵便で滞納家賃、契約解除の請求をします。この請求

は、裁判での証拠になります。連帯保証人がいる場合は、そちらにも内容証明郵便を送付します。

それでも話し合いが決着しないと、裁判となります。訴状を作成し、裁判所に提出します。滞納家賃額に応じて、簡易裁判所または地方裁判所に提出します。滞納額が60万以下の場合は、簡易裁判所に対して、「少額訴訟」という、簡易で迅速に終了する訴訟方法もあります。

それぞれの主張に対する証拠が提出され、裁判所が判決を下します。不服や異議申し立てがなければ、判決が確定し、強制執行をすることが可能になります。

以下に、実際の判例をご紹介します。

マンションの所有者Aさんが、Xさんと賃貸借契約を結びました。数年は順調に家賃が支払われていましたが、Xさん夫妻が離婚してしまいました。

離婚後、Xさんの元妻であるYさんが1人で同じ部屋で暮らし続けました。家賃の支払い義務のあるXさんは、オーナーのAさんに、契約者を元妻のYさんに変えてもらうよう申し出ました。

しかし、Aさんは賃貸借契約の解除と、建物の明け渡しを通知しました。Xさんは、その通知に対して何も反応しなかったため、その後25カ月にわたり、元妻Yさんが不法占拠することになってしまいました。

やむなくAさんは25カ月分の滞納家賃と、更新料を支払うよう裁判を起こしました。これに対してXさんとYさんは、6カ月分のみの支払いという主張をしました。

結局、判決ではAさんの主張が認められ、25カ月分の家賃支払いを受けることで確定しました（更新料については棄却）。

このような裁判を個人ですべて行おうとすると、とても大変です。個別の事件ごとに裁判所が判断し、必要な証拠を揃える必要があります。弁護士や司法書士などの専門家に相談するのがベストです。

裁判や強制執行となると、オーナーの精神的、金銭的負担が大きくなります。したがって、入居審査をしっかりと行い、保証人や保証会社をつけておくことでリスクを回避しましょう。

保証会社と契約していた場合には、家賃延滞分が補償されます。さらに、荷物の退去にかかる費用、リフォーム代も補償されます。

Q. 心配ごとはまだ、あるんです!!②

質問7

ありえないことかもしれませんが、お隣の国のミサイルが飛んできたら……？

あくまでも仮定のお話ですが、お隣の国のミサイルが飛んできたとします。運悪く自分の物件があるエリアに落下して、爆発で物件が跡形もなくなってしまったら、さすがに保険も下りないですよね。これも人生のお勉強であり仕方がないと諦めるしかないのでしょうか？

回答7

予測不能の問題には、投資対象を分散することでリスクを最小限に抑える

100％あり得ない、とは言い切れない話だと思います。北朝鮮は近年、日本海に向けたミサイル発射をしばしば行っています。特に2017（平成29）年8月29日には、Ｊアラートが流れ日本中に緊張が走ったのは記憶に新しいところです。一時は首脳間の交流が実現したとはいえ、水面下でのアメリカと北朝鮮の緊張状態は依然として続いています。

ミサイル投下や戦争により、投資物件がどうなってしまうのか不安に感じる投資家も少なからずいることでしょう。戦争リスクには、どのように備えるべきでしょうか。

今回のご質問のように、万が一、ミサイルが落下した場合、その損害については火災保険や地震保険は適用対象外となっており、補償されません。

ミサイルともなれば建物は消失し、資産価値として残るのは土地だけとなります。当面は混乱状態に陥ることでしょう。

しかし、住居はなくてはならないものです。復興が進めば、同じ土地に新築で一戸建てやマンション、アパートを建て直すことになります。

マンションを区分所有している場合は、管理組合で建て直しが難しいと判断し、土地の売却をするパターンも起こり得ます。

通常は土地とともに建物も抵当に入っているので、更地になった土地だけを売却できるのかという問題があります。銀行との金利関係についてはかなり複雑な話になるので、実際にその状況にならないと、どうなるかは予測が困難です。

投資物件には持ち家とは違う対応法が

災害が起きた場合、もし持ち家なら大変です。国が救済措置を取るかもしれませんが、基本的には二重ローンを抱えることになります。

ただ賃貸経営となると、同じ土地に新築の物件を建てれば、以前の家賃よりも高い家賃で貸すことが可能かもしれません。もちろん、その時までに復興していることが前提となりますが、資産価値が高まって、それが収入として跳ね返ってくることも考えられます。建物の倒壊は、１００％リスクしかないというわけではないのです。

これはミサイルだけの話ではなく、質問⑤にあったように、地震や津波で建物が倒壊した場合にも当てはまります。

建て替えるにしても、重要となるのは立地です。いくら新築物件でも場所が悪ければ賃貸需要はありません。物件購入の際には、こういったことも理解して立地選びをされると良いでしょう。

予測不能のリスクに備えるためには、投資物件のエリアを分散して所有することが大事です。

あり得ない、あってはならないと思いますが、万が一、東京にミサイルが落ちたとしても、関西や九州など離れた土地に投資物件があれば、リスクは分散できます。もしくは、不動産投資だけでなく、株や投資信託、金といった他の投資商品に分散することも良い方法でしょう。

Q．心配ごとはまだ、あるんです!!③

質問8

私、民泊ビジネスに興味があります。その仕組みを教えてください。

毎月の家賃収入も魅力的ですが、外国の人向けにお部屋を貸す民泊ビジネスにも興味がありまして……。でも、宿泊した人が周りの住人の方に迷惑をかけたり、違法な民泊も横行していたりするという話も聞きます。そこでズバリ聞きたいのですが、民泊ってやったほうがいいですか？　それとも、やらないほうがいいですか？

回答8

民泊という新しいビジネスに参加するよりも、手間なく収益の入る不動産投資をお勧めします

民泊とは、空き家を活用して、旅行者などにホテルのように宿泊サービスを提供するものです。訪日外国人向けに、Airbnb（エアビーアンドビー）という気軽に民泊先を探して予約できるサービスが生まれたのも、民泊が新しいビジネスになっている一つの表れです。

日本を訪れる外国人は、年々、その数を増やしています。観光庁が発表しているデータでは、2019年の訪日外国人の数は3188万人で、2011（平成23）年からの8年で約5倍と急激に増加しています。さらに、東京オリンピック・パラリンピックを控え、大都市や人気観光地である、東京、大阪、京都、福岡、沖縄などではホテルや民宿といった宿泊施設不足が取りざたされるようになりました。（出典：www.mlit.go.jp/kankocho/siryou/toukei/in_out.html）

2020年現在、コロナ禍による外国人の入国制限が続けられ、インバウンドは大きく減少しま

したが、今後、コロナ禍の終息に伴い、過去のインバウンドの数に戻らないまでも、増加することは十分に予想されます。

「住宅宿泊事業法（民泊新法）」の施行で大きく変わった民泊ビジネス

そこで、Airbnbのようなサービスを利用して、空き家を高稼働率で回し、賃貸よりも収益を得ようとする人も現れました。しかし、個人が空き家を貸し出すことは、旅館業法に違反するという見方があります。営業行為となれば、届け出が必要となり、ホテルのように建築基準法や消防法などで規定された設備を整える必要があるのです。固有の法律がない状態で、民泊はグレーゾーンだったわけです。実際に旅館業法に違反しているとして逮捕された事件もあります。

そのため国は、民泊を合法的に行えるよう、旅館業法の改正と、新たに民泊のための法律を制定しました。それが「住宅宿泊事業法（民泊新法）」で、2018年6月15日から施行されました。

この新法により、合法的に民泊サービスを提供することが可能になったのです。大幅に規制緩和されましたが、宿泊日数などの制限が定められたので、好きなだけ民泊を提供できるわけではないので注意が必要です。

また、新法施行後はマンションの管理組合の許可がなければ、民泊を提供することができなくなりました。不特定多数の人が出入りすることで、トラブルになる例もあるので、民泊禁止の規定があるマンションも増えています。どんなマンションでも民泊をできるわけではないので、気を付けましょう。

この新法では、宿泊させる日数は180日を超えてはいけないことになっています。稼働率100%というのは難しいので、実際はもっと少ない稼働になるでしょう。さらに、賃貸と違い、ホテル同様の設備が必要となります。家電や家具といった初期投資が発生するのです。

他にも、外国人からの問い合わせには、英語や他の言語で対応する必要があります。鍵の受け渡しや退室のたびに、部屋のクリーニング、ゴミ出しといった作業が発生します。日中、本業がある方には対応するのが難しいでしょう。

これらの作業は専門業者に外注することもできますが、当然手数料がかかります。業者によっても違いますが、部屋の清掃だけで1回3500~5000円ほどかかることもあります。宿泊料金によっては利益がほとんど出ない可能性があります。

営業日数は年間180日を超えてはいけないため、他の期間はどうしたらいいでしょうか。一つの方法として、民泊の閑散期である11~3月にかけては、マンスリーマンションとして賃貸することが挙げられます。

マンスリーマンションは、サラリーマンの出張や研修、自宅リフォーム時の仮住まいなどの需要があります。週単位～月単位で定期借家契約を結ぶことになり、民泊用に揃えた家具家電をそのまま使用することができます。普通の賃貸よりも高い賃貸料を設定できることもメリットです。

収入が不安定、手間のかかる民泊ビジネスには「?」

しかし、その一方で週単位の契約なので収入が不安定になります。また、マンスリーを扱っている業者が少ない現状もあります。さらに、短期間で退去があるため、そのたびにクリーニングが必要になるといったデメリットもあります。

不動産経営は、賃貸ビジネスをしたいという方よりも、本業の傍ら不労所得が手に入ることを重視される方が多いのです。民泊という新たなビジネスに手を出すのではなく、できるだけ手間がかからず収益が上がる不動産投資をされるほうが良いのではないでしょうか。

もし自己所有のリゾートマンションや別荘があり、自分が使っていない日に民泊として利用させるならば利益は出るでしょう。しかし、わざわざ都心の投資用マンションを民泊事業専用にするならば、普通に賃貸経営をするほうが手間もかからず、安定した利益を上げられます。

質問9

不動産投資を始めると毎年どんな支出が発生するの？

賃貸マンションへの投資をし、オーナーになったとします。すると、どうしても入ってくるお金だけに目を奪われがちですよね。でも、実際にはその収入に税金がかかったりするので、出ていくお金にも注意しなければなりません。毎年、どんな支出があるのですか？

回答9

支出の中には、ランニングコストと確定申告で経費になる費用があります

不動産取得後のランニングコスト

不動産取得後、賃貸経営をする上で、必要となるランニングコストは以下の通りです。

❶ローン

銀行融資を受けている場合、毎月の支払いが発生します。

❷管理費、修繕積立金（マンション区分の場合）

マンションの建物管理をしている管理会社に支払う費用です。

管理費は、マンション内の清掃やエレベーターの定期点検などをする建物管理の費用です。

修繕積立金は、今後の大規模修繕工事に備えて積み立てておく修繕費です。

❸不動産会社に支払う管理費

入居者募集にかかる広告宣伝費や家賃の集金、苦情対応などの入居者の管理にかかる費用です。

❹保険料

火災保険や地震保険の費用です。

❺税金

固定資産税と都市計画税です。

❻共用部の水道光熱費

通路の照明の電気代、掃除用水道料などの共用部の水道光熱費です（管理費に含まれていることが多い）。

❼修繕費用

入居者が退去した後の原状回復にかかる費用です。エアコンが壊れた場合、交換する費用なども含まれます。

以上がランニングコストの一覧です。賃貸経営をする上で、実際に支払う費用となります。次に、確定申告で経費として認められるものを挙げます。

確定申告で経費として認められる支出

❶税金

❷管理費

建物管理にかかる管理費、及び、入居者管理にかかる管理費は経費として認められます。

❸ローンの借入金利

ローン全額については経費として計上できませんが、建物部分（土地は含まず）の借入金の金利については経費として計上できます。

❹減価償却費

建物の減価償却費です。毎月、お金として支払ってはいませんが、確定申告時には経費として算入できます。物は購入した時から、年数の経過によって少しずつ劣化し、価値を下げていきます。この劣化した価値（金額）を減価償却費として計上できます。

税法では、ＲＣ造で47年、重量鉄骨で34年、木造で22年という耐用年数が定められています。この耐用年数に応じて、償却率が決められています。

❺修繕費

空室後の原状回復などにかかった費用は計上できます。

他に、管理会社との打ち合わせのための交通費、税理士への依頼費用、新聞図書費などが経費として計上できます。

修繕積立金は、経費として算入できるとしている税務署もあれば、資産となる費用なので経費としては計上できないとする見方もあります。税理士または管轄の税務署に確認すると良いでしょう。

利益額は、次の算式によって出ます。
家賃収入 − 経費（税金 ＋ 管理費 ＋ 減価償却費など） ＝ 利益
この利益の部分に課税されるので、年間の家賃収入が多いからといって、所得税が高くなるというものではありません。経費や税金に関しては、税務署か税理士にご相談されることをお勧めします。

Q．心配ごとはまだ、あるんです!!⑤

質問10

修繕積立金って何ですか？

定期的にマンションのメンテナンスをするために、修繕費が必要なのはわかります。でも、修繕費用は必要なときにオーナーから徴収すればいいのでは？と思ってしまいます。なぜオーナーから毎月徴収して積み立てているのでしょうか？修繕積立金って一体、何なのかしら？

回答10

修繕積立金は資産価値の維持と向上に不可欠

マンションを購入した場合、管理費と修繕積立金を毎月支払うことになります。管理費は、マンションの維持管理をするための費用です。修繕積立金は、マンションの資産価値を維持するために必要な修繕工事を計画的に行うための積立費用です。

多くのマンションでは、新築後10~20年経った頃に大規模修繕工事が行われます。というのも、外観がタイルのマンションの場合、タイルの劣化診断を築10年後、3年以内に行わなければならないからです。この作業は足場を組む大作業となります。そこで、これに合わせて大規模修繕を行ってしまうわけです。

マンションの修繕工事は、10年以上の長い周期にわたって実施されます。特に大規模修繕工事では、多額の費用が必要となります。工事で費用が必要になったからといって、区分所有者から一括して費用を集めることは現実的ではありません。

そこで、毎月徴収することにより修繕費を積み立てておき、必要なときに備えるのです。これが修繕積立金です。

長期修繕計画によって決定される修繕積立金

通常、新築マンションを購入する際には、分譲した会社から長期修繕計画が提示されます。長期修繕計画とは、今後数十年にわたって必要となる修繕工事、工事の時期、概算の費用が盛り込まれています。この計画に従って、修繕積立金が決定されます。

もちろん、あくまで概算です。マンションの立地（海が近くて塩害がある等）、管理状況、使用状況によって、必要な修繕も異なってきます。修繕積立金は、工事の内容や費用を確定するものではなく、一定期間ごとに見直しされます。

では、修繕積立金の妥当な金額はいくらなのでしょうか。国土交通省が発表している「マンションの修繕積立金に関するガイドライン」によると、以下が１㎡当たりの平均値とされています。30年間で必要な金額を、均等に月割した金額です。

■15階未満

延べ面積が5000㎡未満→1㎡当たり、月額218円（165～250円なら適正）
延べ面積が5000～1万㎡未満→1㎡当たり、月額202円（140～265円なら適正）
延べ面積が1万㎡以上→1㎡当たり、月額178円（135～220円なら適正）

■20階以上

1㎡当たり、月額206円（170～245円なら適正）とされていますが、15～19階のマンションは、供給量が少ないため、15階未満と20階以上の目安との間に収まると考えられます。また、機械式駐車場がある場合は多額の費用を要するため、この目安とは違うものになります。

例えば、10階建てで、建築延べ床面積が8000㎡のマンションの専有床面積80㎡の住戸を購入する場合、

80㎡×202円／㎡・月＝1万6160円／月
目安の幅
80㎡×140円／㎡・月＝1万1200円／月
～80㎡×265円／㎡・月＝2万1200円／月
となります。

機械式駐車場（2段［ピット1段］昇降式・50台）がある場合は、
7085円（月額修繕工事費の目安）×50台×80㎡÷8000㎡＝3542円／月を加算した額となります。

もちろん、これはあくまで目安であって、分譲会社から提示された修繕積立金の金額がこれより低くても、あるいは高くても問題とされないこともあります。マンションの形状や立地、設備や仕上げ材などによって変化するからです。

実際には、10年過ぎた段階で、一級建築士といったプロの専門家に診断してもらい、どういった工事が必要になるか見積もりを取り、正確な金額が決まることになります。

気を付けなければいけない点は、当初の月額負担がかなり低く設定されている場合です。分譲会社は購入時に修繕積立金を提示しますが、購入者はあまり月額料金を気にしていないことがほとんどです。大手の会社であれば問題ないと思いますが、会社によっては、できるだけ安く見せたほうが売れやすいということもあって、低く設定していることもあり得るのです。

もし毎月の修繕積立金が安すぎる場合はどうなるのでしょうか。修繕時に必要な金額を集められず、一時金の負担が発生したり、積立金額の値上がりが必須となる場合もあります。

一時金が発生する場合は、30万〜100万円の負担をするケースもあります。そして、一時金は居住年数によって支払額は変わらず、その時点での所有者が均一の金額を支払うことになります。

中古マンションは値段が手頃で、利回りの良さも魅力です。

しかし、修繕積立金が滞納されているケースもあります。購入した部屋はきちんと支払いがされていても、他に滞納している部屋があると、マンション1棟として見ると修繕金がきちんと積み立てされていないことになります。これは、地方のリゾートマンションなどでよく見られます。

中古マンションで、修繕積立金が必要額貯まっているかどうかは、重要事項調査報告書を確認すればわかります。築年数の割に、修繕費が十分に積み立てられていない物件は、そもそも購入を控えるのが無難です。

年数に応じて適切な金額であれば、積立金で対応でき、一時金なしで済むでしょう。しかし、あまりに毎月の修繕積立金が安いようであれば、一時金が発生する可能性があるといえます。

修繕積立金は、不動産投資における費用と考える方もいらっしゃいますが、そもそも修繕の目的は、資産価値の維持と向上です。修繕をすることで、マンションの価値を上げ、賃料を下げずに済む、もしくは賃料アップに繋がります。修繕費用が、収入となって跳ね返ってくるのです。

こういった観点で考えると、修繕のための支出は、不動産経営にとって価値のあることと思えるのではないでしょうか。

Q.マンション管理って、面倒じゃないんですか？①

質問11

入居者はどうやって募集すればいいのかしら？

新年度を迎える前に入居者の方が引っ越してしまったとします。新しい入居者を見つけなければならない場合には、どうやって入居者を集めればいいのでしょうか？やはり駅前の不動産屋さんに1枚1枚、チラシを配って募集をしなければいけないの？

回答11

入居者募集は賃貸経営の最大課題。安心を買うサブリースも検討を

不動産投資は、入居者から支払われる家賃収入によって成り立ちます。したがって入居者募集は、賃貸経営の根幹を成すものです。

まず、退去後の流れから入居までのプロセスを、順を追って見てみましょう。

1. 入居者からの退去予告
2. 退去立ち合い
3. リフォーム業者に、室内の原状回復を依頼
4. 仲介業者へ入居者募集の依頼
5. 新たな入居者が見つかり次第、賃貸契約の締結
6. 入居

退去の連絡は、賃貸管理を依頼している会社から来ることになります。およそ、1カ月以上の猶予をもって連絡が来ます。解約予告の時期がいつまでかについては、賃貸借契約書に記載されています。

退去日には、入居者が立ち合い、室内に残置物はないか、大きな破損はないかといった状況確認をして、鍵を返却してもらいます。この場合、オーナーが直接立ち合う必要はなく、賃貸管理会社に任せることがほとんどです。

退去後は、室内を原状回復させるためにリフォーム業者、またはハウスクリーニング業者に依頼します。壁紙が大きく破れているなどといった破損箇所がなければ、ハウスクリーニングのみで済みます。

業者はご自身で探してもいいですし、特に懇意にしている業者がいなければ、賃貸管理会社に相談すれば紹介してもらえます。

原状回復にかかる費用は、入居時に預かった敷金で賄いますが、入居者の使用状態があまりに悪く、原状回復に敷金以上の費用がかかる場合は、入居者と相談してどちらが費用を持つかを話し合う必要があります。

原状回復の手配をしつつ、同時に入居者の募集も始めましょう。

入居者募集は、物件の地元の不動産会社に依頼したり、インターネットのサイトに登録するのが良いでしょう。

インターネットで「賃貸マンション」と検索すると、SUUMO、HOME'S、CHINTAI、アットホームなどが表示されます。このようなサイトには、個人では物件情報を登録できないので、仲介業者の力を借りることになるわけです。

募集記事は仲介業者の担当者が書くことになりますが、できるならご自身で物件のアピールポイントを提示することも大切です。担当者にもよりますが、多くの物件情報は画一的な内容のものがほとんどです。これではライバル物件との差別化ができません。室内の設備、最寄り駅や近隣のスーパー、コンビニなど、住みたい人の気持ちに寄り添った情報を盛り込むことで、より効果的に入居者に物件の魅力をアピールできます。

掲載写真の第一印象も重要で、クリーニングされた清潔感のある室内で、日光の入る時間帯に撮影された写真を用意することが大切です。

入居の募集を依頼する仲介業者も1社だけでなく、いくつかの業者を当たるべきです。1社しか依頼を行わないと、その1社が情報を握り、他の業者に情報を回さないケースもあります。そのほうが手数料を両方から得られるからです。手間はかかりますが、複数の業者にそれぞれ動いてもらうことで、募集の幅が広がります。

入居者募集は契約終了の2カ月前から可能

では、入居者の募集は、いつから始めるべきか。実は、募集開始のタイミングは賃貸ビジネスにとって大事なポイントなのです。

賃貸借契約はおおむね2年ですが、契約の更新時期の2カ月前になると、入居者に更新するのか、退室するのか問い掛けることができます。もし退室の意思がある場合でも、2カ月間募集のための猶予が生まれることになります。

まず初めの1カ月目は、相場よりも高めの家賃で募集をかけてはどうでしょうか。退去前の家賃よりも高い価格で入居が決まれば、家賃収入が増えることになります。

2カ月目、まだ入居者が決まらない場合は最初の金額よりも少し落とした家賃で募集をかけます。それでも現在の家賃よりも高く貸せる可能性があるわけです。

そして入居者が決まらずに3カ月目に突入した場合、実際にここからが空室期間となります。ここで初めて、相場の家賃で募集をかけてもいいでしょう。この1カ月間で入居者が見つかれば敷金礼金が入ってきます。礼金で空室期間の損失が賄えるということになるのです。

このように、退去されることはデメリットだけではなく、新たに高い家賃を得るチャンスと見なすことができます。そのため、あまり不安に思う必要はないでしょう。物件が都心にあれば、1年間のうち3カ月間も募集をかければ、1人も入居しないということは考えにくいものです。

入居希望者に積極的にアピールする

都心のように人口の流出が少ない地域の場合は、礼金をなしにしたり、家賃を下げずにフリーレントを付けることで、競合ライバルと差を付けるということも有効です。フリーレントとは、入居後の家賃を一定期間無料にすることです。引っ越しには敷金、礼金、保証金、引っ越し費用など、短期間でまとまったお金が必要になります。この初期費用を少しでも減らすことで、入居希望者に大きなアピールができます。

他の部屋よりも家賃を下げて募集をすると、他の住人から値下げ要求や不満が出る恐れがあります。フリーレントであれば、そうした恐れが緩和されます。また、将来売却を考えたときに、家賃が低ければ当然年間の家賃収入が低くなり、利回りが低くなるため、売却する際にマイナス要因になりかねません。

相場の家賃で募集をしてすぐに入居が決まるような物件であれば、フリーレントを付ける必要はありません。しかし、空室リスクがある物件ならばフリーレントを考えてみてもいいでしょう。

さらに、情報を見て実際に内見に来た入居希望者に、良い印象を抱かせることも重要です。

例えば、おしゃれな照明器具を付けておくことです。内見は晴れた日中の明るい時間帯だけに来てくれるわけではありません。曇り空の午後では、部屋は暗い状態です。これでは良い印象を持ってもらえません。昔ながらの古い照明を付けている場合も、シーリングライトのような現代風の照明に変えることで、大きく印象を変えられます。

他に、おしゃれできれいなスリッパを玄関に丁寧に揃えておくだけでも、第一印象が大きく変わります。安いものでも構いません。ちょっとしたオーナーの心遣いが伝わるだけで、物件の印象も大きく変わります。

このように、仲介業者任せにするのではなく、オーナーが動くことで空室リスクは回避できるものです。募集広告、家賃の設定、フリーレントの導入、室内のアイデアなど、オーナーに大きな裁量権があるのです。必要以上に不安に感じる必要はないということが、おわかりいただけたかと思います。

不安を解決してくれるサブリース

それでもどうしても空室期間ができるのが不安であったり、本業の仕事が忙しくとても自分で入居者募集へ考えを巡らせることができない場合は、サブリースを利用する方法があります。

この制度は、サブリース会社が貸主から賃貸物件を一括で借り上げ、入居者に転貸するというものです。オーナーは入居者がいようといまいと一定の家賃が保証される仕組みになっています。

空室期間があっても、毎月決まった額が入るので、リスクはより低くなります。もちろん、サブリース会社が保証する賃料は相場の7～9割になるため、収入は通常の賃貸管理をするよりも低くはなりますが、リスクを下げること、安心を買うという意味ではサブリース導入を考えてみてもよいでしょう。

ただし、サブリースにはメリットもデメリットもあります。それについては、139～145ページを参照してください。

Q. マンション管理って、面倒じゃないんですか？②

質問12

リニア中央新幹線が開通したら名古屋の物件は人気になりますか？

2027（令和9）年に「品川～名古屋間」でリニア中央新幹線が開通予定ですね。これで名古屋も都心への通勤圏になるのではないかと思っています。そうなると、家賃が安い名古屋方面に首都圏の人口が徐々に流れていって、首都圏のマンション投資は不利になる！……なんてことはあり得ませんよね？

回答12

リニア中央新幹線は、東京への一極集中をさらに加速させ、都内の不動産の価値を引き上げる

2027年の開業に向けて、リニア中央新幹線の品川～名古屋間での工事が進んでいます。東海道新幹線で約1時間40分かかっていた距離が最短40分と、1時間近く短縮されることになります。中間駅の候補地は、1県1駅として神奈川県の相模原市、山梨県の甲府市、長野県の飯田市、岐阜県の中津川市が挙げられています。

リニアの新駅ができることで、新駅周辺の再開発が行われます。ビジネスや商業も活発となり、新駅周辺の地価上昇も見込まれます。それに伴い、家賃も上がることは想像に難くありません。

さて、東京に物件を持っている方にとってリニア中央新幹線の開通は、メリットこそあれ、デメリットはまったくないと私は考えています。なぜかというと、ますます品川駅周辺が栄えることになるからです。もともと品川は需要や人気のある地域です。すでに開発も行われているので、劇的

なまでの変化はないかもしれませんが、品川駅がリニア始発駅となることで、東京駅から品川駅を中心に、人や企業の流れが大きく変わることも考えられます。そうなれば当然、地価も家賃も上昇していくことでしょう。

リニア中央新幹線で通勤圏は拡大されるのか

通勤圏については、品川から40分で行ける場所が単純に増える、と考えていただくとわかりやすいかと思います。

例えば、品川駅から徒歩15分の場所に物件を持っていたとします。2027年にリニア中央新幹線が開通し、品川まで40分で行けるからといって、では名古屋に引っ越そうと思う人は少ないはずです。徒歩15分で通勤できるほうが、確実に利便性が高いはずです。

逆に、品川から40分の立地に物件を持っている方にとっては、競争する名古屋という土地が出現することになります。例えば、品川から40分かけて通勤している横須賀の人が、名古屋に住めるようになるということです。

とはいっても、それでは横須賀から名古屋にすぐ引っ越す、という流れにはならないでしょう。

慣れた土地から突然違う地方に移住するのは容易ではないからです。人も食べ物も言葉も変わります。さらに、リニア中央新幹線の運賃の問題もあります。会社員の場合、毎月の通勤費には制限があり、超える分を自己負担してまで名古屋に住む理由がある人は少ないはずです。

加えて、リニア中央新幹線の駅となる名古屋周辺は、横須賀と比べて家賃が安いわけでもありません。むしろ名古屋駅から徒歩圏内なら、横須賀より高いといってもいいでしょう。リニア中央新幹線が開通したら、通勤することは可能になります。しかし、可能だからするかというと、そう簡単な話ではありません。

期待されるのは、東京という都市の価値が向上すること

〝ストロー効果〟という言葉をご存知でしょうか。交通網の発達により、より吸引力のある都市が発展し、一方が衰退する現象を指します。

リニア中央新幹線が開通することで、これまで以上に地方から東京にアクセスが集中します。今でも人口流入が続いていますが、より顕著に東京の人口が増えるでしょう。各企業も、ビジネスを行う上で、マーケットの大きな地域で営業活動を展開するほうが、経営効率を高めることができます。このようにリニアモーターカーの影響は、東京集中を加速させるものになるでしょう。

国土交通省は、リニア中央新幹線の開通でライフスタイルや物流にどのような影響が出るのかを協議する有識者会議を２０１７年から開いています。国や自治体、民間がどのような街づくりを行っていくのか、〝ストロー効果〟を逆に利用して、イベントなどで地方に人を呼び込むことができるのか注目されています。

交通インフラの変化は、地価に大きな影響を与えます。リニア中央新幹線の開通により、品川だけでなく名古屋や相模原など、不動産投資に明るい影響をもたらすことは間違いないといえるでしょう。

Q. マンション管理って、面倒じゃないんですか？③

質問13

区分マンションのオーナーは、マンション全体の管理をしなくていいの？

仮にもマンションのオーナーになったからには、掃除や修繕、共用部分のメンテナンスとか、自分のマンション全体の管理の仕事もやらなければいけないのでは？ と思ってしまいます。もし、やりたくない場合は、どなたかにお任せってできるのかしら？

回答13

管理組合は、区分所有者《オーナー》の財産を守る大切な組織。総会では区分所有者の代表としてマンションの差別化の提案も可能です

管理組合はマンションの価値を低下させない大切な組織

まず、マンションの管理組合についてご説明します。

管理組合とは、分譲マンションを購入した人々、つまり区分所有者で構成された、マンションの維持管理をする組織です。

管理組合の目的は、所有者の共有財産であるマンションの価値を維持することです。

一つのマンションに2人以上の区分所有者がいる場合は、区分所有法という法律で管理組合を作ることが義務付けられています。マンションを購入すると、自動的に管理組合員となり、売却をしない限り脱会はできません。区分所有者ではなく、部屋を借りている貸借人は組合員にはなれません。

マンションには、専有部分と共用部分があります。専有部分は、各住戸です。共用部分は、エントランスやエレベーター、階段、廊下、給排水管や電気などの設備、駐輪場やごみ収集場などの施設が含まれます。

管理組合は、これらの共用部分を維持管理することで、マンションの価値を維持します。そのために、管理費や修繕積立金を毎月徴収しています。実際の管理業務は、管理組合が外部の管理会社に委託していることがほとんどです。

共用部分の管理の他には、管理規約や使用細則の制定・変更をするのも管理組合の役割です。ペットの飼育や駐車場利用のルールなど、マンションで住人が快適に暮らすためのルールを細かく制定するのです。

もし管理組合がなければ、共有部分の清掃や修繕がなされず、マンション内が荒廃し、老朽化も早まります。そうなればマンションの価値が下がってしまいます。また、管理規約がなければ、個人の好き勝手に振る舞う住人が現れ、良識ある住人は退室してしまい、結局問題のある住人ばかりのマンションになってしまいます。空室があっても、共有施設がごみだらけ、廊下には物が散乱し、敷地内には違法駐車だらけのマンションでは買い手が付かず、マンション価値の低下に繋がります。

不動産投資には自己裁量権がある

管理組合は営利を追求する組織ではありませんが、株式会社と捉えるとわかりやすいでしょう。管理組合の総会は株主総会、管理組合の理事会は取締役会、管理組合の理事長、理事、監事は株式会社の代表取締役、取締役、監査役です。管理会社は取引先です。

総会は、マンション管理の意思決定をする最高機関です。その年の決算報告、規約の設定、理事長の選任など重要事項が話し合われます。総会で決定した建物や敷地の使い方は、区分所有者だけでなく、所有者の家族や貸借人にも義務付けられます。総会は、区分所有法により、年に1度必ず開催しなければなりません。

総会には年に1度開催される定期総会と、緊急に決議を取らなければならない場合に召集される臨時総会があります。例えば自動ドアが壊れてしまったという場合です。2社に見積もりを取ったが、どちらの業者に頼むべきかといったことを協議します。

定期総会の2週間前までには、管理会社から総会の案内が発送されます。参加される方、されない方といらっしゃいますが、委任状や議決権行使などで過半数以上の票が集まれば総会は成立します。

投資物件の場合、所有者が遠方に住んでいたり、そもそもその物件に住んでいるわけではないため、総会に参加されない方も多数いらっしゃいます。もちろん出席しなくても議決権行使はできますが、参加していただくほうが望ましいことは確かです。

総会とは別に、理事会があります。話し合いのたびに、組合員を全員集めるのは現実的ではありません。そこで、組合員の中から代表する理事を選出し、理事会を組織します。理事会は、管理組合の運営状況を報告・協議し、必要事項を決議したり、総会で提案する議案をまとめたりする場です。理事は総会で選任されます。

不動産投資は他の投資と違い、自己裁量権があります。自分で賃料を設定でき、内装をリフォームして賃料を上げることも可能です。そういった裁量を効果的に使うことで、より経営効率を上げていくことができるのです。

そう考えると、総会に出席し、マンションとしての価値を上げる提案をすることで、他のマンションとの差別化に繋がっていきます。一歩踏み込んでいくことで、マンション投資の違う側面を体験することができるでしょう。

Q. マンション管理って、面倒じゃないんですか？④

質問14

すべてお任せできる「サブリース」って何ですか？

私って、とっても心配性なんです。だから、「心配しなくていいよ」という言葉に弱くって……。そう言われてしまうと、ついつい甘えてしまうんです。そんな私のような人向けに「サブリース」という仕組みがあると聞きましたが、これって何ですか？

回答14
サブリースのメリットは不動産投資の初心者でも安心して賃貸事業ができること。ただし、通常よりも家賃収入が少なくなるデメリットも

賃貸経営は、管理をどうするかで3種類に分けられます。

一つめは自主管理です。管理会社に任せずに、完全に家賃集金やクレーム対応などもご自身で対応する方法です。専業大家さんで、1棟アパートをお持ちの方はこの管理方法をとっています。管理は大変ですが、管理費を支払わなくていいというメリットがあります。

二つめは、自主管理ですが、賃貸管理のみ管理会社に外部委託する方法です。

三つめが、多くのサラリーマン大家さんが選ぶサブリースという方法です。これは、サブリース会社が物件を丸ごと一括借り上げし、オーナーに一定の賃料を支払う方法です。空室であっても毎月一定額が支払われるので、家賃保証ともいわれています。

知っておきたいサブリースのメリットとデメリット

自主管理の場合はオーナーと入居者の間で賃貸借契約を結びますが、サブリースの場合はオーナーとサブリース会社の間で賃貸借契約を結びます。入居者の管理やクレーム対応など、すべてをサブリース会社に任せることができます。

サブリースは、面倒な賃貸管理を任せるため、オーナーの収入は入居者からの家賃の7～9割になります。

サブリースのメリットは、不動産投資初心者でも、プロに安心して任せられることです。万が一、入居者にトラブルがあった場合でも、訴訟の当事者になることもなく、面倒なことはサブリース会社に対応してもらえます。特に忙しいサラリーマンや経営者にとっては、便利なシステムです。

そして、空室や滞納リスクを回避できます。空室であっても確実に毎月決まった金額が入金されるのです。

また、サブリースの物件のほうが、金融機関から融資を受けやすいというメリットもあります。金融機関は、その物件が本当に収益を出せるのかを重要視しています。サブリースであれば、普通の賃貸よりも一層安定して収入が入ってくるという保証があるため、融資に有利になるのです。

サブリースは保証会社選びが肝心

サブリースの注意点としては、保証料を支払うことで、通常の家賃よりも収入が少なくなることです。また、開始直後の賃料が契約更新の際に減少する可能性はあります。

もう一つ注意点として、サブリース会社が倒産する可能性を考えておくべきです。仮に倒産した場合は、賃貸借契約はオーナーに引き継がれます。

以前、地方の地主さんたちが、空いている土地に新築アパートをサブリースでたくさん建てていた時期がありました。地主さんは、サブリースにすれば確実に儲かるという会社の言葉を信じたのです。

新築当初は満室状態が続き、オーナーと会社の関係も良好でした。しかし、数年経つと、アパートの外観が老朽化し、さらに近隣に似たようなアパートがたくさん建つようになってしまいました。もともと賃貸需要がなかったところなので、空室だらけになり、家賃もどんどん下げざるを得なくなり、ローンの支払いに追われるオーナーが続出しました。

このように、サブリース会社の甘言に乗って失敗した例も少なくありません。10年間家賃は変わらないと約束していても、結局賃料が引き下げられた例もあります。オーナー数十人が結束して、サブリース会社に対して集団訴訟を起こしたケースもあります。

それでは、どんなサブリース会社であれば信用できるのでしょうか?

まずは、過去に集団訴訟が起こされていない会社であることが大前提です。そして、運営実績を確認することです。管理戸数が１０００戸以上あれば、まず安心といえるでしょう。営業年数が長い会社は、長い分だけオーナーの支持があるということです。

家賃を下げるのは最終手段

リヴグループで賃貸管理を行うリヴシステムでも、サブリース保証のあるマンションを扱っています。リヴシステムでは、家賃を下げることは最後の手段としています。家賃を下げる前に、できるだけのことをしてみるのです。例えば、楽器可にしてみたり、ペットを2匹まで可にしてみたりということです。

当社は、オーナー様が満足された結果、さらに2戸、3戸と購入していただくことをめざしています。実際そのようなオーナー様が多いのです。

これが、単なる仲介の不動産会社なら、物件は売ってしまったらおしまいです。空室が出るようであれば、工夫することなく、どんどん家賃を下げていきます。

また、どうしても家賃を下げざるを得ないケースでも、オーナー様にお断りされることは非常に少ないのです。なぜなら、当社が家賃を下げるのは最終手段であることを、オーナー様が理解してくださっているからです。

もちろん、15年経過しても家賃が下がらない物件もあります。重要なのは、やはり立地です。物件が古くなっても、立地が良ければ当初と同じ家賃で継続できるケースもあるのです。

リヴグループでは開発から販売、建物管理、賃貸管理と、一貫してグループ会社でサービスを提供しており、これが大きな強みとなっています。

また、グループ内でリフォーム部隊を持っており、いざ退去があったときに、すぐに安価で対応できる仕組みがあります。こういった原状回復作業で、利益を上げることは考えておりません。オーナー様の負担をできる限り減らして、リヴトラストから購入して良かったと思ってもらえることを第一と考えております。

自主管理、サブリースと、それぞれ良い点、悪い点があります。

賃貸管理だけご自身でやろうとされる方が多いのですが、部屋のリフォーム等で家賃を上げようなどと、一歩踏み込んで行動できるオーナーは少ないものです。

不動産賃貸の魅力は、一切合切を任せて利益を上げられることです。特に本業が忙しい、サラリーマンや経営者にとっては、サブリースをお勧めしたいのです。

そして、そのためには信頼できる、良い管理会社を見つけることが大切です。

Q.マンション管理って、面倒じゃないんですか？⑤

質問15

新築マンションを買うと節税できるって、どういうことなの？

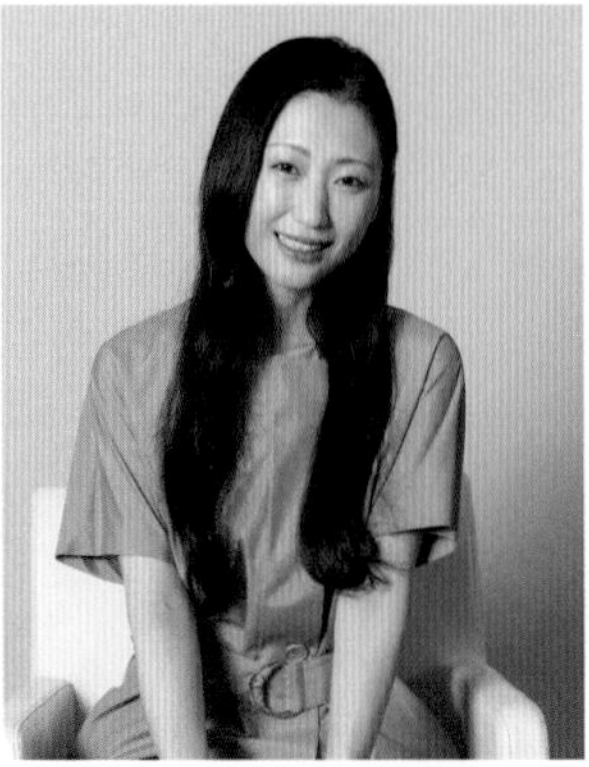

この間、見知らぬ人から「節税のために新築マンションを買いましょう！」と電話がかかってきました。その方は、すごく熱心に勧めてくださるのですが、「なぜ、新築マンションを購入することが税金対策になる」のか、その理屈がどうしても理解できません。新築マンションを購入すると節税できるって本当ですか？

回答15

「見た目」上の赤字を生み出す減価償却費とローンの利子

投資用のマンションを購入すると、節税ができるというのは条件によってです。

では、なぜ節税になるのかご説明します。

サラリーマンや公務員の場合、月々のお給料から自動的に、所得税や住民税を天引きされています。そこで、副業で不動産投資をすると、払い過ぎた所得税や住民税を抑えられる効果があるのです。

家賃収入から経費を差し引いた金額が、赤字になったとします。税金の計算では、給与収入と不動産の収入を合算して納めるべき税金を決めることになっています。もし、不動産収入が赤字であれば、給与収入から天引きされていた税金の還付や軽減を受けられることになります。

なぜ、収入を得るために不動産投資をしたはずが、赤字になるのか。もちろん、これは本当の赤字でなく、あくまで帳簿上の赤字ということです。

それには、減価償却費と、借入金の利子という二つの経費がポイントになります。

減価償却費は、建物の構造によって耐用年数が定められており、建築費をその年数で割り、毎年経費として算入できます。あくまで帳簿上算入できるだけで、現金を支払っているわけではありません。

新築マンションの場合、この減価償却費を多く算入できるのです。

次に、借入金の利子です。ローンの支払いは、物件購入時に借り入れした金額のうち、利子も含めて支払っています。元本はただの貸し借りにすぎませんが、利子に関しては経費として認められます。

購入して数年はこの二つの経費のおかげで、見た目上、赤字になりやすいのです。そのため、給料収入から計算された所得からこの赤字分を差し引くことができ、天引きされた税金を軽減することができるというわけです。

不動産投資の収支

ここで、不動産投資における収入と支出について確認してみましょう。

まず、不動産投資における収入は、賃料、礼金、更新料です。

支出は、前述した減価償却費、借入金の利子の他に、以下に記す管理費、修繕費、損害保険料、そして固定資産税や都市計画税などが挙げられます。

・管理費
賃貸管理を委託している管理会社に支払う費用と、建物管理を委託している管理会社に支払う費用です。これらは入居者の管理や、日常的な清掃などといった業務に対して支払う報酬です。

・修繕費
退去後の原状回復に必要な壁紙の貼り替えや、畳の交換にかかった費用なら経費として認められます。しかし、マンションの資産価値を高めるような間取りの変更など、リノベーションのような費用については、資本的支出といい、全額を経費計上できずに、資産として減価償却しなければいけないので注意が必要です。

・損害保険料
火災保険や地震保険といったものです。

これらとは別に、パソコン代や通信費、旅費交通費なども場合によっては経費として認められる場合があります。

こういった費用は、日常的な個人の支出と混ざりやすく、不動産投資に使った費用だけが経費となります。非常に曖昧な費用なので、これは経費として認められるのかと疑問に思ったときは、どういう目的や理由で必要だったのか、しっかりと領収証を残して、客観的な事実を残しておくことが大切です。

多戸数所有で法人化の道も開《ひら》けます

今後、物件を購入するにあたり、2~3戸程度でなく、10戸程度になると事業規模として認められます。こうなると、青色申告特別控除として65万円（2020年分よりe-Taxで申告する場合は65万円、それ以外は55万円）の税務上の優遇を受けることができます。

さらに、サラリーマンの給与額にもよりますが、不動産収入が1500万~2000万円くらいになれば法人化を考えてもいいかもしれません。

法人として物件を所有すれば、家族を役員として雇用し、給与を出すことも可能です。さらに、経費として認められる幅が広がり、税率も低くなってきます。個人の累進課税に比べると、断然お得です。

一方で、法人住民税として赤字でも毎年7万円を支払う義務が発生したり、社会保険への加入、さらに法人税の申告には税理士への依頼が必要になるなど、煩雑なことが増えることも確かです。

相続税対策には、不動産投資が有効

そして、これは先の話ですが、いつか自分の投資物件を相続させる段階になったら、相続税の問題が発生します。

個人の相続税の場合、現金よりも投資不動産にしたほうが、相続税の基準となる財産の評価額を約3分の1まで圧縮することができます。つまり、納める相続税額を低くできるのです。

このように、新築マンションには節税の仕組みがあります。ただ、これは時が経つにつれて効果が薄くなっていきます。借入金の返済が進むと、経費として算入できる利子は少なくなりますし、減価償却費の計上額が減っていき、赤字から黒字へと転換する時が来ます。黒字になるということは賃貸経営がうまくいっているということです。

不動産投資は、節税することではなく、長期的に安定した収入を得ることが大きな目的です。節税だけを目的にせず、いかに毎月のキャッシュフローを良くするかに集中することをお勧めします。

Q. マンション管理って、面倒じゃないんですか？⑥

質問16

家賃を横領されることってあるんですか？

不動産業界って、まだ昔ながらの古い体質が残っていると聞いたことがあります。例えば、お金の管理。管理会社の中には自社のお金とオーナーに支払うべき家賃を分けずに、いわゆる「どんぶり勘定」のところがあるとか。お金の管理がいい加減だと、つい魔が差して集金した家賃に手をつけてしまったりすることもあるのではないかしら？

回答16

入居者が支払った家賃を確実に自分の手に入れるために公益法人を活用する

賃貸経営にとって、家賃収入が滞ることは深刻な事態です。

家賃が入金されないと、毎月のローンの支払いが滞り、放っておくと遅延記録が残ります。融資を受けている金融機関だけではなく、他の金融機関からも今後融資を受けられなくなる可能性もあります。

その原因が、集金業務を委託した管理会社が、家賃を横領してしまったことによるものなら、さらに深刻です。そうしたケースへの対応について、述べてみます。

刑事訴訟を起こすことは可能ですが、警察は代金を回収してくれるわけではありません。また、民事訴訟を起こして支払いを請求することもできますが、もし相手に資金力がない場合は確実に回収できるか難しいものがあります。

そこで、被害額を取り戻せる可能性が高い方法があります。

宅地建物取引に関する苦情の解決や保証を行う公益社団法人で、「全国宅地建物取引業保証協会」と「不動産保証協会」の2団体への苦情申し立てです。

全国すべての不動産業者が加入しているわけではありませんが、かなりのシェアで加入しています。というのも、これらの協会に加入することで不動産業者がさまざまなサポートを受けられるメリットがあるからです。

該当の業者が協会の会員ならば、家賃の持ち逃げなど苦情の解決に当たってくれます。当事者間で解決に至らなかった場合は、協会がその代金を弁済してくれます。保証金額は、一業者につき、本店であれば1000万円まで、支店がある場合は500万円ずつ増えていきます。

宅建業法上、個人、法人であっても弁済を受けられます。

まずは持ち逃げした業者が、協会の会員であるか確認し、会員であれば苦情を協会に申し立てしましょう。

家賃入金のトラブルを回避するためには、どうすればいいのか？

何よりも、信頼できる管理会社に任せることです。小さな業者が悪いというわけではありませんが、やはりそういった業者は、オーナーをたくさん抱えているわけではないので、管理業務だけでは経営が成り立たず、自社の運転資金として使い込んでしまうケースもあるようです。

できれば、管理業務を専門で行う、管理戸数の多い管理会社に委託すべきでしょう。

Q. マンション管理って、面倒じゃないんですか？⑦

質問17

信頼できる管理会社はどう選んだらよいの？

規模の小さい管理会社は細かい管理業務まで手が回らないという話でしたが、一方で、大手の管理会社も事務的でオーナーに寄り添ってくれないということを耳にしたこともあります。では一体、どんな管理会社を選べばよいのか、とても迷ってしまいそう……。

回答17

不動産購入の前に管理会社選びを入念に。建物と賃貸の管理会社をワンストップにすれば、手間も省け安心も獲得できる

不動産投資の成功は、信頼できる業者との関係で決まると言っても過言ではありません。購入という大きな仕事の後にすることは、信頼できる管理会社を見つけることです。

マンションの管理というと、大きく分けて二つの管理会社が関わってくることになります。マンション内の清掃などを実施する建物管理と、入居者募集やクレーム対応をする賃貸管理です。

●建物管理

マンション内の清掃、施設の修繕、メンテナンスを実施する業務です。建物管理の管理会社は、マンションの管理組合が指定した業者になります。区分所有のオーナーが、独断で決めたり、変更したりすることはできません。

●賃貸管理

入居者募集、契約代行、クレーム処理、家賃の請求や回収、保険処理といった業務です。

賃貸管理の会社は、オーナーごとに異なります。

管理会社の選び方は自ら足を運ぶことで解決できる

管理会社はどこもそんなに違いはないのでは、と思われる方も多いかもしれません。しかし、管理会社の中には、空室がすぐに埋まらない、担当者がすぐに辞めて変わってしまう、重要な連絡の通知が遅い、質問しても返事が遅いなどといったケースもあります。

入居者の不満の結果、家賃の延滞や退去などに繋がってしまっては元も子もありません。これではストレスが溜《た》まり、本業の仕事に身が入らなくなってしまいます。

では、どのような管理会社を選ぶべきでしょうか?

まず、会社の実績や将来性などをホームページで確認してみましょう。管理会社には得意分野、不得意分野があり、すべての業務に精通しているわけではないことを知っておきましょう。例えば、クレーム対応は得意だけれど、入居者募集は得意ではないといったケースです。そのような場合は、募集を得意とする物件近くの不動産屋さんに任せるのも一つの方法です。そして、募集以外の賃貸管理については、管理を本業としている会社に任せれば安心といえるでしょう。

そして、いくつか候補を決めた上で、実際に足を運んでみましょう。

会社の雰囲気、担当営業の受け答え、管理業務の内容を確認してみるのです。担当者の対応が早く、親身になって相談に乗ってくれるような会社を選ぶことが重要です。

管理会社によって、管理手数料もさまざまです。同じ会社でも、委託する業務の範囲によって料金も変わってきます。

不動産投資は「買って終わり」ではない

また、建物管理をしている会社と同じグループ会社で統一すると、物件の管理がワンストップになり、とても便利です。

例えば、所有しているマンションの共有部分である、廊下の電球が切れてしまったとします。こんなとき、それに気付いた入居者が管理を委託している業者に連絡し、今度はその業者が別の建物の管理会社に連絡するという流れになります。もし、建物管理をしている会社と賃貸管理をしている会社がグループで繋がりがあれば、すぐに連携して対処することができます。

入居者は建物管理と賃貸管理が別会社などということは意識していません。指摘したのに、なかなか修理されないとなれば、オーナーに対するクレームとなります。最悪の場合は、退去という形でオーナーへ降りかかってくる場合もあります。

当グループでは、賃貸管理を専門とする株式会社リヴシステム、そして建物管理の株式会社リヴビルディングと、同じグループ会社であるメリットを活かしたサービスを提供しています。

不動産投資は「買って終わり」ではありません。

そこから始まる長い賃貸経営をスムーズに行うために、信頼できる管理会社を見つけることが重要です。

Q．マンション管理って、面倒じゃないんですか？⑧

質問18

信頼できる会社や営業マンとは？

私にとって信頼とは、オーナーである自分と同じ目線に立ってくれることです。不動産会社も営業マンも本当にいろいろなところがあって、選別するのは難しいのですが、目線がズレているとコミュニケーションもうまくいかなくなると思っています。信頼できる不動産会社や営業マンの方に会える方法を教えてください。

回答18

物件の開発から販売、賃貸管理、建物管理までを一括して行う会社を選びたい

不動産投資会社は大手から小さい企業まで多数あります。

中には不動産の知識がないサラリーマン投資家に、相場よりも高い値段で売り付けようとする悪質な業者がいることも確かです。

では、どのような会社、営業マンを信頼したら良いでしょうか？

レスポンスの早さ、そして急《せ》かさない営業マンを選ぼう

今はインターネットでさまざまな情報を検索できます。まずは「〇〇（会社名）評判」といったキーワードで悪い評判がないか確認してみましょう。もちろんネットの情報はすべてを信用するわけにはいきませんが、詐欺や悪質な物件を紹介するような企業はこれである程度避けることができます。

避けるべき営業マンは、「すぐに売れてしまいますよ」と急がせ、すぐに契約に持ち込むタイプです。もちろん人気の物件はすぐに売れてしまうことも多いのですが、明らかに契約を急いでいる様子であれば避けたほうが賢明です。

他にも、肝心なところで話をそらしたり、質問しても「確認します」と言ったきり、返答をしてこなかったり、レスポンスに時間がかかる、物件のメリットしか話さないような営業マンは避けましょう。

良い営業マンの特徴は、レスポンスが早く、メリットだけではなくデメリットもしっかりと伝える、調査能力が高い、融資や利回りなどファイナンスについての情報を持っている、優良物件の情報を持っていることといえます。

投資会社のことをまず調べる

失敗例をご紹介します。名前は仮にAさんとします。Aさんは一部上場企業の課長です。

ある日、電話で不動産物件のセールスを受け、熱心に電話が来るため、やる気のある営業マンなら一度会ってみてもいいかもと思い面談しました。

その時に、こんな物件は二度と出てこない、本当にお買い得だからと猛烈にセールスされ、もともと不動産投資に興味のあったＡさんはこれはチャンスだと思い、すぐに契約したそうです。

ところが、購入してみたものの、一向に空室が埋まる気配がありません。購入した時の話では、立地がいいからすぐに埋まる、入居のためのお手伝いも必ずするとの約束でした。

そして、営業マンに連絡を取ろうとしましたが、個人の携帯電話にかけても繋がりません。自分の携帯番号が知られているから出ないのではと思い、固定電話からかけてみても反応がありません。会社の番号に電話をしてみても繋がりません。

後でわかったことですが、この会社はこの営業マンが１人で経営している会社だったのです。Ａさんは事前にどんな会社か確認しなかったことを悔やんだそうです。

物件の購入には多大な労力を必要とします。しかし、不動産投資は購入した後の管理も肝心です。ようやく物件を購入したが、それからまた信頼できる管理会社を見つけるというのはなかなか骨が折れる仕事です。

「販売したら終わり」ではない会社と末永くお付き合いを

そこでお勧めしたいのが、物件の開発、販売、賃貸管理、建物管理を一括して行っているグループ会社から購入することです。

ちなみに、リヴグループでは、物件は「販売したら終わり」とは思っていません。購入時にお約束した資産価値を長く維持し続けるためにも、管理をアウトソーシングするのではなく、グループ全体で取り組んでいます。開発はリヴ、投資不動産の購入はリヴトラスト、賃貸管理はリヴシステム、そして建物管理はリヴビルディングと、購入から不動産を長く管理する部分まで、一貫してオーナー様をサポートする独自のシステムができています。

当社には1戸目をご購入いただき、しっかりと運用の安心感を理解してから2戸目、3戸目と続けて購入されるお客様がたくさんいらっしゃいます。売って終わりではなく、グループ全体でしっかりと不動産経営をサポートし、オーナー様の利益に繫げる。そして、満足していただいたお客様がまた次の物件購入に繫がるという循環ができているのです。

この会社になら、この営業マンになら、安心して任せられる。しっかりと疑問点や不安を解消した上で相談に乗ってくれる、そんなパートナーを見つけることで、不動産投資は成功へと繫がります。

Q．マンション管理って、面倒じゃないんですか？⑨

質問19

マンション設備の点検って何をやるのかしら？

最近、設備点検の不備が原因ではないかとされる火事が増えていると聞きました。緊急の出入り口が荷物でふさがっていたり、消火設備がうまく作動しなかったりして。大切な資産ですから、きちんと設備点検はしてほしいですね。具体的にどのような点検項目があるのですか？

回答19

点検は法律によって定められた点検と自主点検の2種類。法定点検を行えるのは資格のある専門家だけ

マンションの各種点検には2種類あります。一つは自主的に行う、定期保守点検です。そしてもう一つが、法律で義務付けられている法定点検と呼ばれるものです。

法定点検は、設備によって、消防法、建築基準法、水道法、電気事業法などで定められています。法律によって点検の回数が決められていますので、勝手に点検を省いたり、回数を減らすことは認められていません。

検査結果は、マンション管理組合の理事長名で、自治体や消防署に報告することになっています。

■建築基準法

・昇降機（エレベーター）定期検査　年1回

・建築設備定期検査（換気設備、排煙設備など）　年1回
・特殊建築物定期検査（地盤沈下や排水不良がないかなど）　3年に1回

■水道法
・専用水道定期水質検査（受水専用水道の水質や消毒検査）　水質検査は月1回、消毒検査は日に1回
・簡易専用水道管理状況検査　年1回

■浄化槽法
・浄化槽の保守点検　半年に1回、清掃（半年に1回か年1回）、定期検査（年1回）

■消防法
・消防設備点検　総合点検（年1回）、機器点検（半年に1回）

■電気事業法
・自家用電気工作物定期点検（高圧受電装置）　日常巡視点検（月1回）、定期点検（年1回）、精密点検（3年に1回）

法定点検を行えるのは、資格のある専門家なので、専門業者に依頼することになります。

こうした点検は、マンションの管理組合が依頼します。多くの管理組合では、建物管理会社に任せています。もちろん、管理組合がそれぞれの設備について、専門業者に依頼することも可能ですが大変手間となるため、管理会社に任せているのです。

管理組合が自主的に点検する定期保守点検は、マンションによって点検箇所が異なります。主に給水設備や機械式駐車場、エレベーター、共用設備などを定期的に点検します。

例えば、給水管に関しては専門業者がファイバースコープで内部を点検し、さびや破損箇所がないか確認します。

エレベーターに関しては、法定点検の他に、マンションによっては毎月点検プラス遠隔監視がされている場合もあります。

点検の実施や費用を決めるのはマンションの管理組合です。

実施する点検項目の再確認や、費用の見直しが必要な場合もありますので、気になる点がある場合は管理組合に問い合わせてみましょう。

Q. オーナー気分が高まってきたところで、質問です！①

質問20

１戸目がうまくいったら、２戸目の物件を買おうと思っているのですが「買い時」とかはあるの？

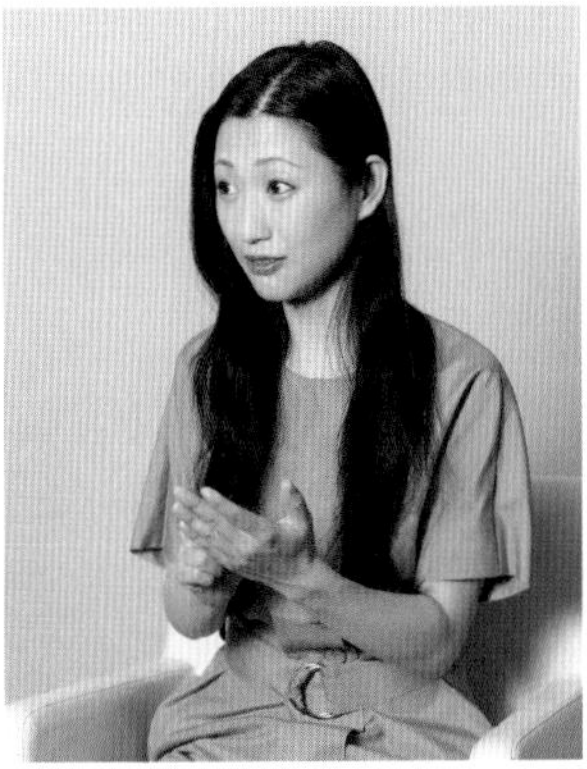

不動産投資をすぐにでも始めたい気持ちになってきました。興味が湧くととことんやってしまうタイプなので、１戸目の投資が成功したら、２戸目も投資したくなってしまうと思います。とはいえ、高値掴みはしたくないので、なるべく安く購入したいのですが、購入のタイミングってあるのかしら？

回答20

ご自身の納得できる条件が揃ったと感じた時が「買い時」

投資で失敗しないためには、「売り時」、「買い時」を見誤らないことが大事なのは、いうまでもありません。しかし、これはプロの投資家にとっても難事で、まして初心者が判断するのは不可能です。

したがって、まずは、1戸目を所有されてから家賃収入を得るようになり、ローンの支払いが開始され、運用の結果を実感する……そうした嬉しい実感が繰り返され、手間やストレスなく不動産経営をされますと、2戸目購入への不安やハードルはぐんと下がり、自らの判断で「買い時」がわかるようになると思います。

とはいえ、その手掛かりになる指標がないわけではありません。

その一つが、不動産投資家の意識調査です。以下に、かいつまんでご紹介します。

参考になる「不動産投資家調査」

一般財団法人日本不動産研究所が、不動産関連業者や投資家を対象にして定期的に行っている意識調査が「不動産投資家調査」です。

この調査結果から、コロナ禍前後の投資家の意識の変化もみることができます。

コロナ禍以前の2019年10月に行われた調査では、以下のように記載されています。

「不動産投資家の今後1年間の投資に対する考えは、『新規投資を積極的に行う』との回答が95%で前回よりも1ポイント上昇し、1999年の本調査開始以来のもっとも高い水準を更新した」。賃貸住宅1棟（ワンルームタイプ）の期待利回りは「東京・城南」が4・2%となり、本調査で過去最低水準を更新したが、その他の地区では「横ばい」と「低下」が混在する結果となった。

また、「不動産投資市場においては、一部で過熱懸念も指摘されつつあるが、世界的に緩和的な金融環境が続く中、不動産投資家の投資姿勢は積極的な状態が維持されている」とあります。

では、コロナ禍の最中に行った調査結果（2020年4月）はどうでしょうか？

「不動産投資家の今後1年間の投資に対する考えは、『新規投資を積極的に行う』との回答が86%で前回比9ポイント低下し、一方、『当面、新規投資を控える』との回答は18%で前回比13ポイント上昇した」

また、「不動産市場においては、日銀を含む世界主要国の中央銀行の金融緩和により、不動産投資家の投資姿勢・投資意欲は、現段階において、大きな落ち込みは見せていないが、新型コロナウイルス感染症に係る社会や経済の混迷長期化リスク等、予断を許さない状況にある」とあります。

自分が「買い時だ」と感じた時がいちばんの「買い時」

パンデミックの渦中にもかかわらず、全体として、投資意欲は思ったほど低下していません。

では、今が「買い時」といえるのでしょうか。

実は、これは物件や立地、オーナーの状況によってさまざまです。いくら世間が「買い時だ！」といったところで、立地や利回りの良い物件にすぐ巡り合えるとも限りません。また、良い物件が見つかったとしても、オーナーが銀行融資を受けにくい状況もあり得ます。

つまり、ご自身が「買い時だ」と感じた時がいちばんの買い時なのです。

物件は一つとして同じものはありません。立地はもちろん、同じマンション内でも部屋によって、階数や間取り、日照の向きなど、すべてが異なります。

理想の物件が見つかり、さらにそれが適正価格である、あるいは相場より割安であれば、それは「買い時」といえます。

ご自身でしっかりと納得していれば、いつでも「買い時」です。逆をいうと、ご自身が納得できず、世間が「買い時」といっているから……という意識では、無理に焦って購入する必要はありません。

とはいえ、不動産投資は、他人の資本でローンを返済していけます。そういう意味では、できるだけ早く購入するほうが、残債は先に減っていきます。

いずれ購入することを検討しているなら、悩んでいるよりも早く動いたほうが、不動産投資の恩恵にあずかれるといえるでしょう。

Q．オーナー気分が高まってきたところで、質問です！②

質問21

投資しているマンションを高く売るための「売り時」ってあるの？

投資しているマンションを売ろうとする場合、「売り時」ってあるのかしら？　売却するのなら、なるべく高く売りたいですもの。今、不動産価格は上がり続けているようなので、これを逃してしまうと「売り時」は当分の間は来ないということになりそうですか？

回答21

不動産価格の暴落と家賃とは別モノ。投資不動産には「損切り」なし。売却したいなら、税金と修繕のタイミングで考える

長期保有が不動産投資の基本

投資不動産の「売り時」というのは地域、建物、オーナーによってそれぞれ異なります。確実に「売り時」といえるのは、売却すればプラスになるとき。

ただ、私は投資不動産に「損切り」はないと思っています。たとえ不動産価格が何らかの影響で暴落したとしても、収入として得ている家賃をすぐに下げなければならないわけではないからです。経済の影響で不動産価格が下がったとしても、長期的な賃貸収益に影響はないと考えています。

不動産は株や証券と違い、実物資産です。土地と建物という、現物が存在します。会社の倒産などで株は突然価値がなくなってしまうことがありますが、不動産は値を下げたとしても無価値にな

ることはありません。保有し、貸借人がいる限り収入を得ることができます。長く保有することでプラスになる場合も多いのです。

投資用不動産は売却時の税率に注意

基本的には長期保有することをお勧めしていますが、オーナーの投資方針によって「売り時」は変わってきます。

現在都心の不動産価格が上がっていますが、それにつられて周辺の埼玉、千葉、神奈川の不動産価格も上がっています。

当社に埼玉の新築マンションをご購入いただき、10年賃貸経営をされたお客様がいらっしゃいます。

そのお客様は、「売り時」と判断し売却しました。ローンの残債を支払っても、手元には1000万円ほど残ったそうです。そして、今度はその1000万円を元手に、新たに都心の新築マンションを購入する予定だそうです。

オーナーが自ら「売り時」を判断され、プラスになった例です。

投資不動産を売却する際に、注意しなければならないのは税金です。

個人が不動産を売却して譲渡益が出てしまった場合は、所得税と住民税の増額が発生します。そして、この税率は不動産の所有期間で異なります。所有期間が5年以下の場合は短期譲渡所得とされ、所得税30％、住民税９％で合計39％となります。５年超の場合は長期譲渡所得とされ、所得税15％、住民税５％で合計20％となります。

なぜこのような税制になっているかというと、バブル時代のように短期間での投機的な不動産の売買を抑制するためです。短期間で売買する人には、税率を重くすることで不動産の転売を防ぐのです。

ちなみにこれは、投資用不動産に限ったもので、ご自身が住まわれている居住用不動産の場合は特例があり、３０００万円の特別控除があります。

いくら高く売れる時期とはいっても、かなりの税金がかかることを知っておくべきです。できれば所有して5年超えてからのほうがよいでしょう。この5年というのも、所有してから丸5年間ということではなく、５年経過した翌年の1月1日から長期譲渡所得とされるので、注意が必要です。

リスクコントロールはオーナー自身で

他に、修繕の観点からも「売り時」を考えてもいいかもしれません。

1棟アパートとなると、年月の経過により大規模な修繕となった場合、多額の修繕費が必要になります。この修繕が必要になるタイミングの前に、売却してしまうのも一つの方法といえます。

あるいは、近所の工場や大学が移転もしくは閉鎖が決まってしまった場合です。こういった環境の変化は、自分でコントロールができません。他の入居者層を確保できそうにないなら、早めに売却したほうがいいでしょう。自分でリスクコントロールをするわけです。

利益が出るタイミングで売却し、新たに物件を購入するオーナーもいれば、どんなに高値であっても保有し続け物件を増やしていく方針のオーナーもいます。

不動産投資の目的は、資産を増やすことです。

この大きな目的を見失わず、ご自身の投資方針を持続していけば、自然と「売り時」はわかってくるはず……これまで多くのオーナー様と関わってきた私は、経験上、そう確信しております。

第3章

「不動産投資」成功事例に学ぶ

本章では、不動産投資で成功したお二人の事例をご紹介します。

まず、勤務医の宮川様はワンルームマンション計6戸、ファミリータイプ計2戸、33戸のワンルームマンション1棟を所有され、年間約1800万円の家賃収入を得ておられます。病院勤務医という超多忙なお仕事なので、物件購入の相談から管理までをリヴグループにお任せいただいています。

次にご紹介する松原様は、大阪府在住のサラリーマン。全国にワンルームマンション他計18戸、マンション3棟（計約48戸）他を所有され、購入物件を「コレクション」と呼んでおられる個人投資家です。当社との出会いは投資のための借り換えの〝壁〟に直面したときのことで、それを解決して以来、お付き合いが続いています。

事例１

不動産投資で本業と同等の安定収益

〔owner profile〕
宮川様／男性　ご職業／病院勤務医（内科・小児科）56歳
千葉県在住　大阪府・兵庫県及び東京23区内にワンルームマンション他計８戸＋横浜市にマンション１棟（33戸）所有　年収／約１８００万円（不動産収益を除く）

不動産投資を始めたきっかけ

現在、千葉県内の病院に勤務されている宮川さんが初めて投資用不動産を購入されたのは、まだ20代半ばの頃。当時勤務していた埼玉県の病院で宿直していたとき、偶然かかってきた1本の営業電話がきっかけでした。バブル崩壊後、急速に景気が冷え込んでいった時期のことで、その頃、20代の若さで不動産投資をしている知人は、宮川さんの周囲には1人もいなかったといいます。

電話の相手は、関西を中心に多くの収益不動産を取り扱っているS社というマンション販売会社でした。病院の営業時間外で、たまたま宿直していた宮川さんが電話を取ったのですが、営業担当は、その時間帯なら宿直の医師が1人で残っていることをちゃんと知っていたわけです。

医師という職業柄、同年代の中では比較的高収入の部類に入る宮川さんでしたが、当時の年収は500万〜600万円。まだ独身でもあり、病院勤務が多忙を極めていたこともあって、あまりお金の使い道もなかったそうです。

不動産投資に興味を持った宮川さんは、それから間もなく、S社の薦めるワンルームマンション1戸を購入しました。これは兵庫県西宮市の中古物件でしたが、価格は格安だったものの、しょっちゅう故障や不具合が出て、維持費はかなりかさみました。また、修理や改装のたびに請求書が回ってきましたが、その金額が工事内容からするとかなり割高で、宮川さんは次第に不満を感じるようになってきました。

S社とはその後も取引を続け、大阪市と神戸市にさらに2戸の物件を購入することになりましたが、最初に買った西宮市の中古物件は間もなく売却したそうです。

「この第1号物件に関しては、完全な赤字でした。ただ、その後で買った物件については、そこそこ利益も出ていたので、その後もずっと持ち続けています」

この2戸目と3戸目は、立地も良く、マンション自体も新築で良い物件だったため、まずまず満足できる収益が上がってくるようになっていました。宮川さんはその頃、全国各地にある系列の病院へ数年ごとに転勤を繰り返しており、所有しているマンションについては、S社の系列の管理会社に一任していたそうです。購入を決めた時も、S社の営業担当に見せてもらった資料だけで判断したといい、所有している不動産は「これまでに一度も見たことがない」と語っています。

その後、宮川さんはご結婚され、1男1女に恵まれます。相変わらずの転勤生活で、結婚後の何年かは家族と一緒に転勤先に引っ越していましたが、沖縄で数年間過ごすうちに下のお嬢さんが生まれると、家族を沖縄に残して、宮川さん自身は単身赴任するようになりました。

リヴグループとの出合い

そして、宮川さんが転勤で久々に首都圏に戻ってきた頃、リヴグループの不動産投資コンサルティング会社であるリヴトラストの営業担当と知り合います。

「リヴトラストさんから墨田区のワンルームマンションを薦められて、購入したのが最初の取引です。その時点で、S社のほうとはすでに十数年来の付き合いでしたが、しょっちゅう担当が替わり、そのたびに申し送りが不十分で、いろいろ細かい不満が溜まっていました。そういう愚痴も含めて、リヴトラストさんにいろいろご相談するようになりました」

当時、宮川さんは40代前半で、子どもも成長し教育費が気になり始めていました。また、健康には自信があったものの、医師という立場上、いつ何が起こるかわからないことは十分承知していました。

そのため宮川さんは、以前から毎月十数万円の生命保険をかけていました。しかし、40歳を過ぎてから、万一のことをより真剣に考えると掛け金が無駄に思えてきたのです。

「ローンを組んでマンションを買えば、必ず団体信用生命保険に加入することになります。もし私の身に万一のことがあっても、ローンの残債は保険ですべて支払われます。それに家族には毎月同じだけの収入を残してやれます。ならば、月々十数万円の生命保険を一部解約して、マンション購入に充てたほうがいいと考えたのです」

折あしくS社の担当が交代したため、身近にそのことを相談できる相手がいなかったのです。そこで、リヴトラストがお手伝いすることになりました。まず、生命保険の3分の2を解約し、ワンルーム2戸を購入。宮川さんはその後、S社から購入した3戸の管理についても、リヴグループの賃貸管理会社であるリヴシステムに委託するようになったのです。

それからしばらくして、宮川さんはリヴグループから清澄白河と日本橋の新築物件を購入しています。そして、2015（平成27）年9月にワンルーム33戸がある横浜市の築年数の浅い中古マンション1棟を、リヴグループから購入することになりました。

「毎回のように『これが最後だよ』と言っているんですが（笑）、そうは言いつつも買ってしまいます」

「買い」の判断は会社のブランド力と営業担当との信頼関係が決め手

現在、宮川さんはS社から購入した物件も含めて、すべてリヴグループに管理を任せています。

「担当者がしょっちゅう交代する」という宮川さんの不満は、不動産業界が体質的に避けられない問題であり、宮川さんを担当するリヴトラストの社員も、現担当の岡本光央が3人目になります。

「リヴトラストさんの場合は、担当者が替わってもちゃんと前任者からの引き継ぎができているので、それで困るということはありません。それと、S社から購入した物件は時々空室が出ることがありましたが、リヴグループさんの物件は今まで空室が出たためしがないですね。横浜のマンション1棟も、サブリースで安定した収入になっているので、安心しています」

20年以上不動産投資をされてきた宮川さんですが、「不動産のことは今でもよくわからない」と苦笑します。そんな宮川さんに、投資の可否判断の基準、つまりその物件が〝買い〟かどうかをどのように判断しているのかを尋ねてみました。

「判断基準なんてものは、『あるような、ないような』という感じですね（笑）。自分で物件を見ることもありませんし。S社の物件は関西にあるのでなかなか足を延ばせませんし、リヴグループさんの物件は都内なら、行こうと思えばいつでも行けますが、一度も見に行ったことがありません。ですから、買う、買わないの判断は、もっぱら営業担当との個人的な信頼関係次第ですね。『この人が言うなら』ということで決めています。

後は、S社にしてもリヴグループさんにしても、地域でのブランド力がありますから、そういう会社なら信用できそうだ、というところです」

ワンルームマンション投資の魅力について尋ねると、宮川さんは「あまり空室が出ないところ、ローリスク・ミドルリターンであるところ」との答えでした。空室率の低さも、会社のブランド力を判断する指標といえるでしょう。

ちなみに、宮川さんは2015年暮れから現在の千葉県の病院へ転勤となり、近くの賃貸マンションを借りてそこから通勤されています。多くのマンションを所有している宮川さんが賃貸マンション住まいというのは少し意外な気もしますが、それについては、宮川さんはこう語っています。

「長年転勤生活でしたし、家族は沖縄で賃貸マンション暮らし。私も定期的に沖縄へ帰る生活をここ10年ほど続けています。それに、病院は経営が厳しい時代ですから、いつまで勤めていられるかはわかりません。ですので、私自身は当面賃貸マンション住まいのままでいいと思っています」

万一の際、家族に残してやれるという安心感

現在、宮川さんが所有されている収益不動産は、ワンルームマンション計6戸、ファミリータイプ計2戸、そして33戸のワンルームを持つマンション1棟。ここから月々、約150万円の家賃収入が入ってきます。1年間で、宮川さんの本業である病院勤務医としての年収に匹敵します。

「息子は医学部を志望していますし、娘はまだ高校生で、これから何かとお金のかかる時期ですが、もしものときに残してやれるものがあるというのは心強いですね」

医師という、日常的に人の生死に関わる仕事をされているためでしょうか、宮川さんは淡々とそんなことまで口にされます。宮川さんの資産運用は、他の金融商品への投資などは一切行っておらず、不動産投資一本。それだけに、いろいろな物件に手を広げているほうがリスク分散にも効果的なのでしょう。

「実は、結婚してからもしばらくの間、妻には不動産のことは隠していたんです。さすがに今はちゃんと話してありますが、いまだに妻はそれほど詳しくは知らないんじゃないかと思います（笑）」

宮川さんが奥さんに不動産のことを打ち明けたのは、それまで入っていた生命保険を解約するときだったそうです。

「私は不動産というものは、生命保険代わりにもなるし、いざというとき妻と子どもが路頭に迷うことにならないという意味では、生命保険よりも優れていると思っています。妻には『我が家にはこれだけの不動産収入があって、私に何かあったら、これは全部あなたのものになる。だから大丈夫だよ』と伝えています」

事例2

不動産は保険代わり・年金代わりでもある

〔owner profile〕
松原様／男性　ご職業／会社員　50歳
大阪府在住　北海道から沖縄県まで全国にワンルームマンション他計18戸＋マンション3棟（計約48戸）他所有　年収／約1300万円（不動産収益を除く）

祖父は地元で文化住宅を経営

若い頃はプロのカーレーサー志望で、学生時代からチームを組んで何度もレースに参戦していたという松原さん。しかし、大学を卒業した1994（平成6）年頃には、バブル崩壊後の厳しい不況期に突入し、レースを続けるにしてもスポンサーが見つからなくなっていたそうです。

当時、世間は〝氷河期〟と呼ばれた就職難の時代でしたが、機械系のエンジニア人材に対しては比較的求人も豊富で、国立大学の工学部を卒業した松原さんにとっては「よりどりみどりの状態だった」と言います。松原さんは首尾よく、地元大阪に本社を置く大手メーカーに開発設計者として入社しました。

松原さんのご実家は、もともとお祖父《じい》様の代まで農家として広大な土地を所有されていました。戦後、その所有地の一部に中学校などが建てられることになり、松原家は移転を余儀なくされましたが、そのときの補償金で休耕地に文化住宅を何戸か建て、人に貸して家賃収入を得るようになったそうです。「文化住宅」とは関西地方特有の呼称で、主に2階建ての長屋のような格安の賃貸物件です。

松原さんのお父様は、若い頃は商店を経営していたそうですが、松原さんが物心つく頃には仕事をやめてしまっていました。資産家の祖父と無職の父親――そんな大人たちの元で育った松原さんは、小学校の高学年になる頃には、早くも税金のことについて思い悩むような子どもだったそうです。

「よく、『商家三代の没落』というじゃないですか。要するに、いくら祖父に財産があっても、何もしなければ私の代には財産が全部なくなってしまう――という危機感があったんです。父は自分では何もしませんから、私が何とかしなければ……といつも考えていました。我ながら変な子どもだったと思いますよ（苦笑）」

青空駐車場の経営からスタート

大学卒業後、地元に帰ってサラリーマン生活を始めた松原さんは、子ども心に考えていた「自分が何とかしなければ……」という思いから、まず祖父の所有地の中で休耕地を固定資産税分の金額で借り受け、青空駐車場にしようと思い立ちます。

1996（平成8）年頃、松原さんは資本金200万円で有限会社を設立し、駐車場経営に乗り出しました。

「休耕地というのは要するに農業用地ですから、道路より一段低くなっています。そこで、駐車場にするためには盛り土をして、道路とフラットな高さにアスファルトを敷設しなければなりませんでした。何やかやで500万円以上追加で資金を注ぎ込むことになり、『これじゃ全然儲からないな』と（笑）。そんな、散々なスタートでした」

その後、お祖父様の文化住宅も松原さんの設立した有限会社で管理するようになります。そして数年後、1本の営業電話がきっかけで、横浜駅から徒歩1分の新築のワンルームマンション1戸を購入することになったのです。

「その物件は正直な話、販売会社がブラック企業だったんですが、当時は何もわからないまま、現地へ見に行って、良い物件で価格も適正だったので購入を決めました」

ところが、このマンションの販売会社はすぐに倒産してしまい、買った人たちが不安になったところで、販売会社と組んでいる別の業者が安く買いたたく——という仕組みであくどい儲けを狙うカラクリだったようです。しかし、松原さんは幸いにもこのカラクリに引っ掛からずに済みました。

というのは、最初のワンルームマンションを買った直後、松原さんは会社の辞令を受けて中国へ赴任することになったからでした。

中国への単身赴任をきっかけに転換期を迎える

中国行きを命じられた時、松原さんは結婚しており、8歳と5歳のお子さんがいました。特に任期の定めもなく、いつまでかかるかわからない状況でしたが、松原さんは単身赴任の道を選択します。ただ困ったことは、不動産を管理している有限会社には松原さん1人しかいないということでした。そこで渡航前に急きょ、ご両親と奥様を名義上の取締役としました。

「家族は不動産の知識もなく、名ばかりの取締役。そもそも私自身からして、自分が社長という自覚はまったくありませんでしたが……（笑）。結果的に、単身赴任期間は6年間に及び、その間不動産のほうは、ほとんどほったらかしの状態でした」

ところが――ようやく日本へ帰ってきて37歳となっていた松原さんは、有限会社の資産状況をチェックしてみて、驚きます。自分が何もせず、名ばかりの取締役である家族が何もしなくても、不動産は順調に稼働し、毎月きちんきちんと収益を挙げていました。奥様は相変わらず専業主婦でしたが、月額50万円余の役員報酬を受け取っていたのです。

「この事実を知ったことが、自分にとっての転機だったと思います。悪徳業者が販売した物件も含めて、物件を持ち続けていれば収益を挙げることができると知ったからです。その後はしばらく、私は〝コレクター〟のような心境になって、ほとんど毎月1戸というペースで、区分所有の物件を買いまくりました」

この時から松原さんは東京、横浜、名古屋、京都、大阪、神戸、博多など、主に大都市近郊に計19戸のワンルームマンション（一部ファミリータイプを含む）を購入しています。最初に買った横浜の物件は2016（平成28）年に売却したそうですが、それでも区分所有だけで18戸。この他、奥様の名義でマンションを3棟（ワンルーム2棟・ファミリータイプ1棟で計約48戸）を購入し、相続税対策としてお父様個人の名義になっていた文化住宅を取り壊して跡地に庭・ガレージ付きの一戸建て住宅を5棟建築し、さらにお母様個人の名義で品川、大阪、沖縄にタワーマンションの区分所有を3戸、千葉と札幌にマンション各1棟を購入しています。

「それまで大都市圏の物件ばかりだったので、２０１６年には北海道の札幌に1棟買うことにしました。購入する物件は一応すべて現地を見ることにしていますが、それによって現地までの交通費がすべて必要経費に算入できるというメリットもあります。北海道から沖縄まで、全国どこへ行っても経費にできるというのは案外バカにならないメリットだと思います」

リヴグループとの出合いで壁を乗り越える

毎月のように新しい物件を買い続けていた２０１２（平成24）年末頃、松原さんは、リヴトラストの営業担当小林慎吾からの電話を受けました。当時も今も、この種の営業電話はしょっちゅうかかってくるという松原さんですが、基本的には、出られる限りすべての電話に出て、時間の許す限り土日祝日でも、夜中でも話を聞くようにしているといいます。

「正直、今となっては私より詳しい営業担当も少なくなりましたから、あまり参考にはなりませんが（笑）、お互いに情報交換といいますか、いろいろな情報を仕入れるという意味で、取りあえず話は聞くことにしていました。土日は1日20本ぐらい電話がかかってきましたね。そういう中で、たまたまリヴトラストさんの電話を受けたんですが、ちょうどその頃、私は一つの壁に突き当たっていたのです」

当時、松原さんは6戸目の物件を購入した直後でした。そこへ、小林が7戸目の物件となるリヴシティシリーズの物件をご案内したのですが、松原さんは個人のサラリーマンとしてはすでに限度額を超えていたため、新たなローンが組めないという状態だったのです。

そこで、小林がローンの借り換えを手配することになりました。途中まではかなり手続きに手間取ったため、小林は松原さんからきついお叱りを受けたりもしましたが、そこからはとんとん拍子に話が進み、最終的に松原さんはサラリーマン投資家の壁を突破することになったのです。このケースでは2億円までの融資が可能となり、さらにその後も次々と融資の道が開け、物件を購入することが可能となりました。

「あの借り換えがなければ、おそらく6戸目あたりで打ち止めになっていたでしょう。そこからは、銀行側でも年収の何倍までとか、普通の提携ローンの枠にとどまらない融資の対象として見てくれるようになりました。40歳を境にして新たな段階へ入ったという感じですね」

その結果、2017（平成29）年3月現在で、所有物件評価額の合計が約6億5000万円となり、そのほとんどを100％ローンで購入しているため、松原さんの借入総額は6億円以上にもなったそうです。

物件購入の決め手はトータルのバランス

今でも鳴り続ける営業電話に時間の許す限り対応し、冗談交じりに「コレクター」と自称するほど全国各地に数々の物件を購入している松原さんですが、もちろん、勧められるままに片っ端から購入を決めているわけではありません。松原さんの中には明確に購入を判断する基準があり、その基準を満たすものでなければ購入しないのだといいます。

「最初に買った横浜の物件は、最寄り駅から徒歩1分以内。しかも、警察署と消防署が見えるということで、非常に安心感のある物件でした。２０１６年に売却するまでの約12年間のうち、半分の6年間は私が日本を離れていたのですが、その間、４人ほど住人が入れ替わったものの、1カ月以上空室が続くこともなく、家賃も新築プレミアム価格から３０００円ほど下がっただけでした。第1号がこういう物件でしたから、その後も直感でだいたい判断できるようになりました」

松原さんによれば、「何かしら特徴のある物件」、「自分のコレクションに加える価値のある物件」、「家賃や利回り、立地など、総合的に見てバランスの良い物件」を買いだと判断しているとのこと。また、購入する前にはできるだけ現地へ足を運び、実見してから決めるというのも松原さんの物件選定の特徴といえそうです。

「物件は全然見ないで買う、という方も中にはいらっしゃるようですが、私の場合は趣味ですから……。例えば、千葉にも物件を持っているので、ついでにディズニーランドに寄ることだってできますし（笑）」

コレクションであり、保険代わり・年金代わりでもある

松原さんは、不動産以外の投資も多少はかじっているそうですが、「不動産以外は、全然面白くない。儲からないし、不安定だし、あまり良いとは思っていない」と言います。

その松原さんの感じているワンルームマンション投資の魅力について伺うと、次のような言葉が返ってきました。

「サラリーマンとしての私の年収は約1300万～1400万円。年収1000万円超のサラリーマンというのは、ものすごい額の税金を払っているじゃないですか。しかし、私の場合、支払った税金の多くが還付金として返ってきます。ですから、不動産投資というのは節税対策でもあり、保険代わりでもあり、老後の年金代わりでもあり……どれか一つではなく、すべてに意味がある、全部を有効に活用できると思っています。会社の同期たちは、子どもの教育費やそろそろ老後のことも気になり始めているようですが、私はまったく不安に思うことがありません」

これが株であったら、とても6年間も放っておいたりはできず、ましてや知らない間に大損するかもしれません。それに、株を買うからという理由で6億円も貸してくれる銀行などあるはずがありません。そういう意味でも、「不動産というのは非常に面白い商品」と松原さんは言います。

ちなみに、松原さんは会社内でも不動産投資を行っていることを特に隠してはおらず、最近では、その成功体験を学び、共有しようという後輩の方々が増えてきているとのことです。いわば「松原塾」ともいうべきこの集まりには、20人弱の参加者があり、松原さんに倣って不動産投資にチャレンジしているそうです。

「まあ、年収1000万円ちょっとのサラリーマンが6億円余りのローンを抱えているわけですから、人によっては心配で心配で夜も眠れない……という反応もあるでしょう。でも、私の場合は毎日、楽しく暮らしています。不動産投資は私の趣味の一つですが、他にもクレー射撃やスキューバダイビング、ヘリコプターの操縦など、いろいろな趣味を持っているので、人一倍人生を楽しんでいるほうだと思っています。大学生の頃からずっと『自分は世界でいちばん幸せ者なんじゃないか』と思っていましたが、今が人生の絶頂期かもしれません。好きな車に乗って、家も建てて、もう全部手に入れた。後はもう、これを維持していくだけかな、と」

第4章

まかせるなら、こんな会社を選びたい

リヴグループの「ここが違う」

私が一貫して強調してきたのは、投資物件は「購入して終わりではない」ということです。もちろん、物件購入も大切ですが、さらに賃貸経営を成功させるには、管理も含めて、信頼できる会社やパートナー選びが大切です。

この章では、当社リヴグループの成り立ちと、リヴグループだからこその強み、なぜリヴグループは新築マンションを提供するのかということをご説明します。

当グループの強みのご紹介と同時に、リスクを低くしながらも安定した家賃収入を得るためにはどうしたらよいかについてもご説明いたします。

グループの成り立ち

私どもは会社設立当初、自社物件を販売するのではなく、販売代理店のような形で、デベロッパーと組んで販売をしていました。

お客様が増えていく中で、より信頼できる物件であってほしいというニーズが増えたことと、自社物件のほうが絶対に良い物件を造ることができるといった情報が入るなど、周りから応援された形で新たなスタートを切り、２００７（平成19）年に自社開発物件を扱うようになったのです。

それ以来、お客様に物件を提供していく中で、お客様が最終的に求めるものは、物件を買うことではなく、買った後のことのほうが多いことに気付かされました。

〝買った後のフォローをどれだけしてあげられるか……〟

この想いから、お客様がいちばん楽な形は、購入からその後の賃貸管理、建物管理、運用のアドバイスまでをワンストップでできることだと気付き、各グループ会社の設立に繋がったのです。

２００７年には初のグループ会社、株式会社リヴトラストを設立しました。不動産投資コンサルティングをメインに行う会社です。

そして、自社物件の提供を始めてから、販売戸数も１０００戸を超えてきました。１０００戸あれば、管理業務だけでも事業として成立し、人もサービスも充実します。

そこで、２００８（平成20）年に賃貸管理を行う、株式会社リヴシステムを誕生させ、２００９（平成21）年には建物管理の株式会社リヴビルディングを設立しました。

当社の強み

リヴグループの強みとは、次の2点です。

1. 物件の開発から販売、管理、運用アドバイスまでワンストップで行っている
2. 投資家目線ではなく、入居者目線で提供している

順にご説明します。

1. 物件の開発から販売、管理、運用アドバイスまでワンストップで行っている

当社の場合、自社で建てた物件を自社で販売し、建物管理はもちろん、賃貸管理までをワンストップで提供しています。

通常、不動産投資を始めようと思うと、物件を購入する会社、賃貸管理を委託する会社、建物管理を委託する会社など、それぞれ専業の会社と個別に話を進めなくてはならない場合がほとんどです。その場合、それぞれの会社が、おのおの利益を追求するので、どうしても料金は膨らんでしま

います。

しかし、ワンストップで提供している当社の物件は、他社に比べて物件価格を安く設定できるのです。グループ会社は独立採算制をとっていますが、各自それぞれの目線から、しっかりとしたサービスの提供を重視しています。

また、販売だけを行っている会社であれば「この物件なら、高値の家賃が取れますよ」というセールストークで販売するかもしれません、しかし、入居管理の会社に相談すると「この値段では、入居者が付きません」と言われてしまうケースも多いようです。

当社のようにワンストップのグループ会社であれば、このような嘘《うそ》はつけません。グループ全体の信用に関わるからです。

そして、不動産は「売ったら終わり」ではありません。

ただ物件を仲介して販売するだけなら、それでおしまいですが、当社ではオーナー様が安心して安定収入を得られるように、入居者募集から管理まで全面サポートします。

不動産会社とひと口に言っても、販売が得意な会社、賃貸管理が得意な会社、賃貸仲介が得意な会社とそれぞれ特徴があります。

リヴグループは、建物管理、入居者付けが得意な会社など、それぞれのプロが集まった会社で成り立っています。

そして、このようなワンストップ体制は、経済の波に柔軟に対応できると感じています。事実、リーマンショックの時でもグループ各社はほとんど影響を受けることはありませんでした。どんな状況でも、他社や環境に左右されずに安定して経営を続けられることは、グループの最大の強みであると思います。

私たちは、購入から管理まで一貫して提供することで、オーナー様の不安や手間なく、安定収入を得られることをめざしています。

そして、1戸購入されたお客様が、2戸、3戸と安心して当社のリピーターとなってくださることを目標としているのです。

実際、当社のお客様は複数戸保有されている方が非常に多いのです。リヴグループに信頼を置いていただいている証しであると、ありがたく思っています。

2. 投資家目線ではなく、入居者目線で提供している

不動産投資というと、投機的なイメージが強いようですが、当社のオーナー様は10~15%の高利回りよりは、むしろ3~4%でも預金しておくより確実に良いという安定性を求める方が大半です。

そのような目線ですと、リスクの高い、地方の高利回り物件ではなく、都心や首都圏沿線の低リスクで安定した収入の得られる物件がターゲットになります。

私どもは、どういう場所なら長く賃貸経営が続けられるかといった知見や土地勘、情報を蓄積しています。

例えば、都内の高級住宅地の世田谷といえばとにかく良いイメージを持つ方も多いと思いますが、そこでワンルームの需要があるのか、ファミリーに人気があるのか、この道路を1本隔てたらどんな需要があるのか、そういったことを熟知しております。

もし、駅から離れた公園や、学校に程近いファミリー層の多い住宅地にワンルームマンションを建てても、単身者にとっては不便なだけです。

単身者にとっては、通勤に便利な駅の近くや、レストランやコンビニが近い立地のほうが人気があるからです。

この立地なら、入居者の方は喜んでくださるだろうか？

そのように、常に入居者の目線を大切にしなければならないと思っております。

入居者目線を大切にしているという点では、物件を建築する場合も同じです。

当社では物件を建てる際には、各部署の責任者を集めて、プロジェクト会議を行います。この会議では、参加者がそれぞれの立場から、率直な意見を交わし議論していきます。

例えば、ワンルームの間取りは、ほぼ画一的で大きな差別化は難しいものです。

しかし、会議の中で、この地域ではペットを飼っている層が多いとなれば、ではクローゼットの下にペット用トイレのスペースを設けてはどうかといった意見も飛び出します。ちょっとしたことですが、それで入居率が上がり、家賃が月に1500円上がるとしたら、年間で1万8000円のプラスになります。ちょっとしたアイデアで、入居率や家賃の上昇に繋がるのです。

他にも、水回りを大きくするほうがいいのか、それとも居室を広くすべきなのか、はたまたエントランスを豪華にすべきなのかといった、その地域に住んでいる人の特性に合わせた物件造りをしています。

常に、そこに住むであろう入居者目線で考えているのです。

そして、重視しているのは、入居者が住みやすい物件を、適正な価格で提供するということです。

もし、立地を考えず、とにかく外観も設備も豪華なマンションを造ったらどうでしょうか。経営者の自己満足は満たせるかもしれませんが、現場の人間は、こんなに高値では売れないと困るでしょうし、そんなマンションには入居者も付きません。

とにかく、しっかりと世の中のニーズを把握して、そのニーズに合致した物件をただただシンプルに造ること。これがいちばん大切です。

一生残る資産であるからこそ、より世の中のためになる資産を残したいと思っております。

なぜ、新築マンションを提供するのか

投資物件というと、新築マンション、中古マンション、1棟アパート、変わったところでシェアハウスや民泊などもあります。

当社では新築ワンルームマンションを販売しておりますが、なぜそれを勧めるのかについてご説明します。

地方の余った土地に1棟アパートを建てる投資が流行ったことがあります。相続した土地をその

ままにしておくよりも、投資用アパートを建てたほうが、財産としての評価額が下がるので、相続税対策で建築される方が多かったのです。しかも、サブリースで家賃保証を付ければ、空室でも安定して家賃が入るということで、多くの地主さんが飛びつきました。

しかし、現在このようにして建てられたアパートは軒並み家賃が下がり、ローンの支払いにすら苦労する大家さんが多いのです。

なぜでしょうか？

それは、相続税対策や、空き地を有効活用したいといった、入居者をまったく無視したオーナー目線しかなかったからです。

アパートは一般的に、一戸建てが多い住宅街に建てられます。駅から遠く、夜は暗い、近くにはお店も少ない、ただ土地があったから、というそんな立地では入居者が付かないことは明白です。賃貸需要がない立地に、アパートを建てても意味がありません。

近くに大学がある、工場があるというなら賃貸需要はありますが、一つの大学や企業に依存するのはとても危険です。もし撤退してしまったら、空室のリスクが高くなります。

やはり都市部で、しかも駅から近い立地を選ぶということが重要です。

当社のマンションは、単身者にとって利便性に優れた地域に建てます。周りには、コンビニやレストラン、幹線道路があるので、単身世帯には好まれる立地です。さらに、見た目もしっかりとしたマンションであれば、男性はもちろん、ＯＬや学生、お年寄りでもニーズがあります。人口が減っていく中で、単身者に魅力のある物件が、より力を持つのです。

他にも、1棟アパートで複数戸数を保有したほうが、いざ1部屋空室になっても他の部屋で家賃収入があるから、いきなり収入がゼロにならない、という考え方もあります。

しかし、当社のオーナー様は、ワンルームを複数戸所有されています。そうすることでリスクヘッジになりますし、逆に一つの場所に複数戸ある場合は、災害を受けたときにすべての部屋が被災するリスクもあるのです。

いくつかの場所に分散させて、複数戸ワンルームを持つほうが、よりリスクに備えられます。

ちなみに当社のオーナー様は、リスクヘッジだけを考えて複数戸持ったのではなく、より良い物件を、良い会社から買いたいという想いで購入してくださっています。

では、中古マンションなら、購入しやすい価格であるし、立地も駅から近く、利回りもいいのではないかと思われる方もいらっしゃると思います。

利回りの高いものには、それ相応の理由とリスクがあるものです。先ほど述べた1棟アパートや中古マンションにはリスクが付きものです。

中古マンションなら、きちんと修繕積立金が管理組合に貯まっているのか、大規模修繕となったときに持ち出しすることになったら、結局利回り的に下がるのではないかということです。そして中古マンションの出口戦略はとても高度な知識と経験を必要とします。

総合的な利回りという観点で考えてみましょう。

RC造のマンションの耐用年数は47年です。実際にはもっと長い期間マンションは稼働できますが、わかりやすく47年として考えてみます。

この47年の間に、どこにどういう出費がかかり、家賃でどこまで回収できるのでしょうか？

単純に収入だけで計算してみましょう。

家賃収入が年間100万として、47年で4700万円の収入になります（話をわかりやすくするために、家賃の減少は除いています）。しかし、これが築20年のマンションだったらどうでしょうか。47年マイナス20年で、残り27年では２７００万円にしかなりません。

また、設備的な面でも考えてみましょう。

最新のマンションには、今までのノウハウが詰まった快適な設備や居住空間が整っています。つまり、中古マンションに比べて、新しいというだけで入居率も高く、家賃も下がりにくいのです。つまり、投資効率がいいといえます。

もちろん、保有していれば経年劣化もしていきますが、入居者目線での修繕がしっかりとされていけば、資産価値は維持していけます。


当社のグループ会社である、建物管理のリヴビルディングは、適切な修繕を行っていることで高評価を得ています。

例えば、エレベーターのバッテリーを変えるにしても、複数の業者から見積もりを取り、いちばんコストパフォーマンスの良い業者に発注するなど、オーナー様にも入居者にもお得になるように細かなサービスを提供しています。


目先の利回りに惑わされず、長い目で見たときに、耐用年数であるとか、マンションの設備であるとか、長期的に利益が取れるのかどうかという視点でいうと、やはり新築マンションにかなうものはないでしょう。

もちろん、中古マンションが必ずしも悪いというわけではありません。手頃な価格で、最初の投資としては気軽に始められますし、高利回りの物件がないわけではありません。

「どうしても高利回りがいい！」と言うお客様もいらっしゃいますし、それはお客様それぞれの投資スタイルによります。

ただ、賃貸経営にかける時間があまりなく、本業であるお仕事をしながら手間なく安定した不労所得が欲しいというのであれば、新築マンションをお勧めします。

投資不動産は何戸、持つべきか

利回りが3〜4％で、低リスクな金融商品はなかなかありません。さらに低金利時代が、不動産投資にとって追い風になっています。

20代や30代で年収が500万円ほどの方でも、新築ワンルームを持てるのであればぜひ若いうちから持つべきです。逆に、50代で年収1000万円以上ある方なら、年齢を考えると2、3戸でいいかもしれません。

投資不動産をいくつ持つかというのは、人それぞれ、年収、年齢、環境によってさまざまです。人は、必ずどこかに住まねばならないものです。便利な立地で、かつ、しっかりとした建物であれば、長く持ち続けるだけで安定した収入を生んでくれます。

さらなる入居者目線のサービスを

リヴグループでは、これから先も本当に入居者が喜ぶようなサービスの強化をしていきたいと考えています。

例えば、入居者が加入する保険を取り扱う会社や入居審査を行う賃貸保証会社を展開し、入居者がワンストップのサービスを受けることができたり、マンションの近くにレンタル倉庫のようなものを造って、入居者の利便性を高めるといったことです。つまり、入居者目線のサービスです。

今でこそ、当社が関わった物件の入居率は97％以上と高い数値を保っていますが、このようなサービスを強化することで、入居率を限りなく１００％に近づけていくことを目標としています。

物件を購入してくださるお客様と、部屋を借りてくださるお客様のニーズをうまく合致させて、より入居者が付きやすく、かつ長く入居していただけるマンションの提供が可能なのは、グループ運営だからこその強みであると自負しております。

第5章

2021年から考えておくべきこと

どんな状況下でも需要がある不動産

買い時・売り時は本当にあるのか？

もちろん、現実としては「適正価格か、それより割安で買える」と判断すればそれは買い時といえなくもないですし、「今すぐ売ればプラスが確定する。これ以上持っていたら売値が下がってマイナスになる」と判断すればそれは売り時といえるかもしれません。しかし、「買い時」、「売り時」というものは、地域によっても、物件によっても、オーナー様によってもそれぞれ異なるものです。判で押したように、「20××年まで……」というふうに時期だけで決まってくるものではありません。

例えば、日本では近年、外国人旅行者の訪日数が毎年のように過去最多を更新していますが、これは何も、東京オリンピック効果というわけではなく、政府が推進してきた「インバウンド政策」の下で、国内外の旅行会社などが努力してきた結果のたまものであると思います。もっとも202

0年は、コロナ禍で外国人旅行者の入国が限りなくゼロに近いという状況が続きましたが、オリンピックが中止にならない限りは、2021年夏に向けて徐々に増加してくると見込まれています。仮にオリンピック開催時がピークになるにせよ、その後も日本を訪れる外国人旅行者はそれほど減らないだろうと私は予測しています。また、仮に外国人旅行者が減ったとしても、日本の経済実態にはほとんど実質的な影響を与えることはないだろうと予測する意見もあります。

なぜなら、本当に必要な場所で、必要な物件を造っていれば、それは経済の実態とは関係なしに売れていくものだと思いますし、商品としての資産価値もどんどん上がっていくものだからです。たとえ新型コロナウイルスの影響で経済活動が鈍化したとしても、生活を送る上で住居は不可欠です。

これが不動産ではなく、他の高額商品を買って貸すという選択肢を取ろうとすると、経済の影響を受けやすいものが多くなります。例えば、3000万円で船を買って人に貸したとしても、不動産投資と仕組みは一緒ですが、季節によって借り手に違いが出ます。常に需要がある商品というのは不動産くらいしかありません。したがって新型コロナウイルスのような対外的な条件があったとしても、家賃に出てくる影響はかなり低いと考えられます。

第2章でも述べましたが、不動産に「損切り」はありません。仮に、マンションを購入してすぐに価格が暴落しても、そのことで直ちにマイナスが発生するわけではありませんし、慌てて売り急ぐ必要もないのです。資産価値の低下をうんぬんする方がいらっしゃいますが、実際問題として、買値よりも売値が安いのであれば売らなければいい、という、ただそれだけのことなのです。

いわゆる「耐震偽装マンション」のように建物の構造そのものに欠陥があるなら話は別ですが、短期的な売却益はともかく、家賃収入による長期的な収益性についてはほとんど影響はないと私は考えています。販売価格が半値に下がったからといって、何も家賃を半額にする必要はないからです。特に、「売り時」にお悩みの方は、そう考えて、冷静に対処すべき問題だと認識しておきましょう。

外国人投資家への対応とグローバル展開

最後に、不動産業界の今後の展望とリヴグループが描く未来について簡単に述べておきたいと思います。

現在、不動産業界におけるグローバル化の動きとしては、国内不動産を外国人投資家に向けて販売するというものと、海外不動産を日本人投資家向けに販売するというものがあります。リヴグループの場合、後者については、将来的な展望はともかくとして、現時点では着手しておりませんが、前者についてはすでにいくつかの実績があります。

海外の投資家の方々に私どもが提供している商品を販売しているのですが、やはり、いろいろなパートナーが増えていく中で、「ぜひ、海外のこの物件を担当してくれないか」など、ご指名いただくようなケースも少しずつ増えてきています。もちろん、日本人の投資家の方も顧客の中にはたくさんいらっしゃるので、そういう方々のニーズにも対応することができます。

例えばバンコクでゆっくり過ごしたいとお考えなら、そうした物件を扱っているバンコクの業者にも心当たりがあるので、そうしたお客様のニーズをうまく繋げることができれば……と考えています。ただ、現時点ではそうした提携関係の整備や、法律上の障害などもあって、まだお客様のニーズに十分にお応えできていないという状態です。いずれはもっと柔軟に、国内の物件も海外の物件も販売できるように確固たる提携関係を持っていきたいと考えています。その流れは、徐々に加速していくものと予測しています。

海外の投資家は特にそうなのですが、少しでも円安になるとどんどん物件を買いに入ってきますし、逆に円高になったら一気に買わなくなります。その目ざとさはすごいと思います。そのような相手に対しては、こちらも機敏に対応していかなければ厳しいと思っています。

外国人投資家は、基本的にはキャピタルゲイン志向が強く、あまり長期間物件を所有しようとする方はいません。

ここ数年は特に東京オリンピック前に物件を売ってしまおうという動きが活発でしたが、私どもとしては、長い目で見て売買のタイミングを判断してほしいと考えています。日本の賃貸マンションは比較的安定しており、家賃が大きく上がることもない代わりにそうそう下がるものでもないと考えているからです。

外国人投資家への売買だけでなく、今後は外国人入居者の受け入れという方向でもいろいろな問題が議論されるようになるでしょう。少子化や人口減少に伴い、世帯数も間もなく減少に転じることが予想されます。このことから考えても外国人入居者への対応は喫緊の課題といえますが、現実には外国人入居者の受け入れに関しては、日本人入居者と文化的に異なる側面についてどのように相互理解を進めていくかが大きな課題となるでしょう。

さらに、外国人入居者の場合は保証人の問題もあります。外国人入居者のための保証会社は私の知る限りわずかしかないため、外国人入居者の受け入れを推進していくためには保証会社の数を増やしていくことが急務であるといえます。

また、高齢者向け住宅やペット可物件など、物件側の受け入れ態勢に関しても、今後は、より柔軟に取り組んでいく必要があるでしょう。

いずれにしても、不動産投資に興味を持っていただけるのであれば、信頼できる不動産会社から業界の最新動向を仕入れておくことは重要です。不動産会社で開かれる各種セミナーや説明会などにも足を運び、情報の精度や担当者の対応などをよく比較して、納得できるパートナーを選ぶところから始めてみてください。

執筆を終えて

お客様との関係づくりにおいてリヴグループがめざしているのは、お客様に感動していただける仕事をしていくことです。

資産運用や不動産投資のお話をするとき、お客様には、我われに対してご自身の保有資産を残らず開示していただくことがあります。場合によっては、借金や月々の返済額まで資産状況をすべて話していただく必要も出てきます。そうでなければ、正確な判断やアドバイスなどができないからです。これは、よほど強固な信頼関係を築いていなければ成し得ないことだと思います。

また、こうした信頼関係は、会社に対する信頼というよりも、個々の営業担当に対しての信頼に基づいた関係になります。そのため、会社組織としてはコントロールが難しい面もあるのですが、そこは営業担当とお客様との関係性の強化や社内での営業担当同士、あるいは上司と部下との関係性の強化という形で、うまく風通しの良い環境をつくって対応しています。お客様から上がってくる声も、窓口となる営業担当を通してどんどん会社の仕組みに採り入れていき、対応できるよう積極的に取り組んでいます。

リヴグループの「リヴ」という社名の由来は、「ALIVE」（生きている・生き生きとした）という英単語のスペルから、最初の「A」と最後の「E」を抜いた「LIV」から来ています。この3文字だけでは単語としての意味を成しませんが、生きているものの〝中心〟であり、また、お客様の生き生きとした生活の〝中心〟であり続けたいという意味を込めて、ALIVEの〝中心〟の3文字を取って「リヴ」と命名しました。

では、生き生きとした生活の〝中心〟とは、具体的に何を指しているのでしょうか？

お客様の生活に関わってくる根幹的なものとしては、安心して生きるためのお金や保障、そして健康などを健全に保っておくということです。いずれも非常に重要であり、そうした生活の中心部分でお客様に新たな価値を提供し続けたいという意味合いがあります。

さらには、お客様だけでなく、社員の人生にとっても、その中心であり続けたい、社員と共に人生を充実させ、人生を楽しみたいという願いが込められているのです。

リヴの創業メンバーは全員、マンション販売営業を中心にしてきた者たちなので、仕入れであるとか、建築であるとか、そういう不慣れな部分の仕事に関しては当初は必要以上に苦労させられることもありました。

しかし、最終的に私どもがこだわったのは、自分たちの売りは何かということです。

不動産業界では、結局、「売れる会社」がいちばん強いのであり、すべての物件情報は「売れる会社」に集まってきます。

やはり、この会社の売りは営業力だと思っていますし、それは衆目の認めるところだろうと自負しております。

リヴトラストが売れない物件は、どこの会社でも売れない。そして、他の会社が売れない物件でも、リヴトラストなら売ることができる。そういう状況をつくることができれば、黙っていても情報は我われのところに確実に集まってきます。そうすると、「あそこは売れる会社だ」ということが口コミで伝わります。営業力があって「売れる会社」というのは、仕入れ担当から見れば「買ってくれる会社」ということになります。そして、買ってくれる会社で働きたい――というのが仕入れ担当の本音でもあります。

このように、さまざまなジャンルのプロフェッショナルたちが自然とリヴグループに集まってきて、グループとしても大きな力を発揮できるようになりました。

今後、新型コロナウイルスの大流行で停滞した経済をどう立て直すのか、東京オリンピック・パラリンピックは予定通り開催されるのかといった直近の問題、リモートワークに象徴されるライフスタイルの変化、さらにその先に待ち構えているであろう人口や世帯数の減少という現実を前にして、不動産業界は大きな岐路に立っています。

こうした中で私どもリヴグループは、自分たちの強みである営業力を活かしつつ、ローリスク・ミドルリターンの投資商品である新築ワンルームマンションという事業の軸をしっかりと固める一方で、40代のサラリーマンをはじめとする皆さんと共に、不動産投資、不動産経営という分野でさらなる安定と長い目で見た収益の拡大をサポートしていきたいと考えております。

コロナ禍の中で、新たな投資について思い悩まれている方もいらっしゃるでしょう。しかし、「賃貸」による住居の確保という仕組みが崩れることは、なかなか起こることではありません。なぜならば、この仕組みが破綻した時に結局のところいちばん困るのは、入居者の皆様です。大都市のワンルームマンションなどの一人暮らし用の物件に住む方の多くは若年層の皆さんです。

ちょっとしたパンデミックが起こって人に家を貸すこと自体がなくなってしまうと、こういった方たちの住居がなくなるということになります。借りる側の立場から考えると、たった一つしかない住居がなくなってしまうということになります。何らかの特別な事情がなければ簡単に住まいを変えるということにはならないでしょう。

本書を手に取られた読者の皆さんが、今後も想定される厳しい社会情勢や経済環境の中で、不動産を通じて少しでも安心・安全な老後を迎えられ、さらには相続税などの問題に対しても前向きに乗り越えていかれることを祈りつつ、このあたりで筆を擱《お》くことにいたします。

拙い文章に最後までお付き合いいただきまして、本当にありがとうございました。

株式会社リヴトラスト　代表取締役社長　杉本一也

【著者】
杉本一也（すぎもと・かずや）
株式会社リヴトラスト代表取締役
1971年6月生まれ
オンワード樫山、佐川急便を経て不動産の世界に未経験で挑戦。
以来不動産営業一筋で25年。営業から販売会社の代表へと役割は変われども、お客様との繋がりを大切にする姿勢は一貫して変わらない。
「働く社員がこの会社で働く事を誇れる会社づくり」をモットーに社員育成と環境改革に日々奮闘中。趣味は、映画鑑賞、旅行、ドライブ。

40歳から始める不動産投資

年収1000万を超えたら考えたい、不動産投資のQ&A

2021年1月26日　第1刷発行

著者 ―――――― 杉本一也
発行 ―――――― ダイヤモンド・ビジネス企画
〒104-0028
東京都中央区八重洲2-7-7 八重洲旭ビル2階
http://www.diamond-biz.co.jp/
電話 03-5205-7076（代表）

発売 ―――――― ダイヤモンド社
〒150-8409　東京都渋谷区神宮前6-12-17
http://www.diamond.co.jp/
電話 03-5778-7240（販売）

編集制作 ―――― 岡田晴彦
制作進行 ―――― 駒宮綾子
編集協力 ―――― 浦上史樹・安部直文
撮影 ―――――― Shoko
装丁 ―――――― いとうくにえ
DTP ―――――― 齋藤恭弘
印刷・製本 ――― シナノパブリッシングプレス

ISBN 978-4-478-08405-2

本書は投資の参考となる情報の提供を目的としております。投資にあたっての意思決定、最終判断はご自身の責任でお願いいたします。本書は2020年12月25日時点の情報に基づいております。また、本書の内容には正確を期する万全の努力をいたしましたが、万が一の誤り、脱落等がありましても、その責任は負いかねますのでご了承ください。